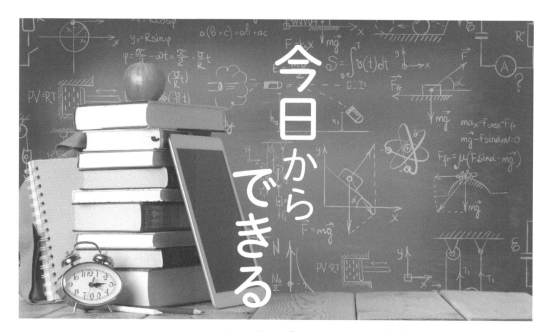

今日からできる

理科授業
ICT活用

山下芳樹・小川博士・平田豊誠・山下浩之／編著

講談社

はじめに

　本書は、ICT機器を初めて理科の指導に使ってみたいという方から、さらには教科指導に幅を持たせるにはどうすればよいかと思案されている方を対象としています。ねらいはただ一つです。日々の理科の指導で、タブレットなどのICT機器を用いることによって、「主体的、対話的で深い学び」の実現をめざし児童・生徒の学習活動を活性化させることにあります。そのための工夫が随所に盛り込まれています。

　　① フルカラーによる臨場感あふれる展開
　　② 3ステップ「まず使ってみる・初級編・中級編」による事例の紹介
　　③ ICT利活用のポイントを明示した「わかる」から「できる」を誘う構成
　　④ コラムやトピックスによる役立つ情報、飽きさせない仕掛け

　本書の事例にはICT機器を使ってみて初めて良さに気づき、次には自身のアイデアを盛り込んで使ってみたいという展望が見えてくる現場ならではの感覚が息づいています。

　令和の時代の小学校や中学校の児童・生徒の実態の一つとして、スマホの普及率を挙げることができます。中学生で90％以上、小学生でも高学年になると63％にも達しています[*]。スマホは子ども達にとってICT機器の一つとして慣れ親しんでいるものと言ってもよいでしょう。このような実態を背景として、学習指導要領でも情報活用能力の育成が、言語能力や問題発見・解決能力と同じく学習の基盤となる資質・能力として位置付けられました。

　他方、先生方のICTの利活用の傾向は、事務処理や日々の授業での教えの道具としては定着しているものの、児童・生徒自身の情報活用能力を高めるには比較的弱い傾向にあると言われています。本書を手にしている方にも、「日々使ってはいるのだが、タブレットの有効な使い方がいま一つ見えてこない」という悩みを抱えていたり、またICT機器という「魔法の箱」を前に、考え倦んだりしている方もおられるのではないでしょうか。そのような先生方にこそ本書は大いなる手引き書・道しるべとなることでしょう。

　本書の執筆者は、いずれも私たちにとっては、道先案内人的な存在です。各事例には、先輩教員の知恵、そして決断が散りばめられています。

　富士登山に例えれば、山の8合目に急に降り立ったのでは酸欠状態になり、その景色のすばらしさ（児童・生徒の学びの刷新さ）を味わうことはできません。まずは、裾野から一歩一歩着実に歩み出す。歩み出すからこそ、その"道程"の険しさを知り、より高みに達するにつれて見える景色の違いに気づくはずです。

　最後になりましたが、本書を企画、また刊行するにあたって講談社サイエンティフィク大塚記央さんには大変お世話になりました。ここに記してお礼申し上げます。

令和4年8月吉日

編者を代表して　山下芳樹

[*] 2021年内閣府調査結果より

第1部

いかにICTを
活用するか

第1章　ICT活用と教科理科の立ち位置

1 ■ 情報活用能力、それはすべての教科の学びの基盤

「75名中の27名が何らかの経験があり、48名が全くの経験なし」

唐突ですが、これは何の数字だと思われますか。実は、中学校や高等学校の理科の教員を目指す大学生で、「中学校や高校時代、タブレットや電子黒板を使っての授業を受けたことがあるか」という質問に対する結果です。64%の学生が受けたことがない、または記憶に残っていないというのです。ICTの有効活用といわれても、そのような授業を受けたことのない学生にとっては、どのように使えば効果的かなんて分からないのかもしれません。

一方、子ども達の学びに目を向ければ、いまやSociety 5.0と呼ばれる超スマート社会を迎え、これまでとは質的に違った世界に立ち向かおうとしています。「質的に違った世界」とはどのような世界なのでしょう。現在小学校高学年の児童が社会に出る10年後には、約6割もの職業がいま存在しないものに入れ替わるとさえいわれています。今日の常識／非常識が明日の非常識／常識となるような世界、この予測の付かない世界に子ども達は旅立つのです。不易流行、予測が付かない社会だからこそ、私たちは流行に臆することなく、また、営々と培われてきた「不易」の部分にも新しい光を当てるべく果敢に挑戦しなくてはなりません。

2017年告示の学習指導要領では、言語能力や問題発見・解決能力に加えてICTを適切に利活用し学習活動を支える「情報活用能力」がすべての教科の学びにとって基盤となる資質・能力として位置づけられました。このことは、私たち教師自身の日々の授業におけるICT機器の利活用以上に、児童生徒の情報活用能力を育むことが期待されていることを示しています。

2 ■ 求められているのは2つ目の情報活用能力の育成

p.9に掲載した表は、4つの領域についての「教員のICT活用指導力チェックリスト（平成30年6月改訂）[1]」で、すべての教員に求められているICT利活用に関する基本的な資質・能力を示しています。ここでいう4つの領域とは、

> A：教材研究・指導の準備・評価・校務などにICTを活用する能力
> B：授業にICTを活用して指導する能力

> C：児童生徒のICT活用を指導する能力
> D：情報活用の基盤となる知識や態度について指導する能力

であり、前半の2つが「教師自身のICT活用能力」、後半の2つが「児童生徒への情報教育」を指しています。次頁の図[1]は令和2年度の結果です。ちなみに項目Bの3と4、また項目Cの4はともに、「ICTの有効利活用による個に応じた指導から、協働して学びあう際にICTの効果的な活用を学習者に対して促す指導能力」を指しており、「授業中にICTを活用して指導する能力」は高まりつつあるが、「児童生徒にICTの活用を促す能力」にはやや難がある様子が窺えます。本書第2部でも、3ステップによる事例紹介を通して、教師自身のICT利活用

から児童生徒による利活用への道筋を示しています。

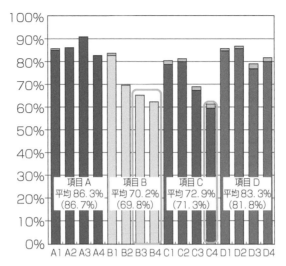

「教員の ICT 活用指導力チェックリスト」に対する調査結果
（令和 2 年度、カッコ内は前年度、水色部分は前年度調査からの増加分）

3 ■ 教科横断的な学びとしての情報活用能力

　高等学校では、生徒の情報活用能力の育成をねらいとした「情報Ⅰ」が共通必履修科目として設けられました。そこには、「情報Ⅰは情報に関わる資質・能力を育てる中核の科目として位置づけるが、学習活動としては各教科の学習を通じて行う」という教科横断的な視点（横の視点）と小・中学校における情報教育の連続性への配慮（縦の視点）が強調されています。この縦の視点について、小・中学校での情報教育のねらいと実態を見てみましょう。

> 【小学校：教科横断的な学習】　身近な問題の発見・解決という学習を通して情報手段（コンピュータなど）の基本的な操作を習得し、情報や情報手段によさや課題のあることに気づかせつつ、**学習活動としては文字入力データの保存やコンピュータの基礎的な操作**を、各教科の学習を通して習得させるとともに、プログラミングを体験させてプログラミング的思考を育成する。
>
> 【中学校：技術・家庭領域 D（情報の技術）】　情報を効果的に活用して問題を発見・解決しつつ、情報手段を活用する経験を積み、自分の考えを形成したり抽象的な分析ができるようにする。**学習活動としては、各教科等の学習を通じて行う**が、特に技術・家庭の技術分野 D（情報の技術）で計測や制御、コンテンツに関するプログラミング、デジタル情報の活用などの情報技術を習得する。

　このように、情報活用能力は、校種を問わず各教科・科目の特色を活かしつつ、理科や社会などすべての教科の学習を通して育成すべきものとされています。だからこそ、情報活用能力が言語能力や問題発見・解決能力同様すべての学習の基盤となる資質・能力として位置づけられているのです。

4 ■ ICT活用と教科理科の立ち位置

　共通教科情報科の目標（その解説）に「様々な事象を情報とその結び付きの視点として捉え、複数の情報を結び付けて新たな意味を見出す力を養う」とあり、さらに新たな意味を見いだす過程において「情報と情報技術の活用を振り返り改善する」ことを通して、「情報と情報技術を適切かつ効果的に活用する力（思考力・判断力）を養う」とあります。

　この様々な事象のうち、自然事象に関しては、教科横断的に見て他の教科にはない理科特有の場面（扱い）が想定されます。例えば、下図のように、自然現象を「法則性など本質的な部分」と実験や観察などによって顕わになる「応答」に分けたとき、この応答部分が自然の示す情報と捉えられないでしょうか。この応答をどう処理するか、ここにモデル化やシミュレーション等、情報活用能力が発揮される理科特有の場面があります。

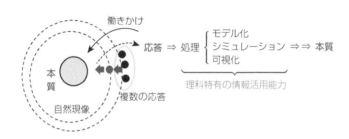

自然現象への働きかけとその応答

　さらに、自然の示す複数の応答（情報）を、その応答の意味や役割に注視しつつ、組織化することで、単一の情報ではつかみ得なかった「新たな意味（規則性や法則性）」が構成されることも自然科学の手法（探究の手法）であり、これはまた「理科の見方・考え方」の考え方（自然へのアプローチの仕方）と軌を一にするものです。このように自然の示す情報からその本質に迫る術として情報技術の活用を捉えたとき、その能力を高めることは情報活用能力一般の育成にも寄与するものと考えられます。

5 ■ 理科教育の新たな展開の可能性

　DX（Digital Transformation）技術を活用・運用することで、授業や学習プロセスを変更したり、また新たな教育モデルを創出したりすることも可能になります。このことは、「理科教育（はかくあるべし）」という旧来の、いわば型にはまった展開から脱し、理科指導を刷新するという可能性を含んでいるように思われます。理科の指導の刷新をも可能とするような新たな視点を含む「場面」をどう構築するか・させるかによって、児童生徒に対する新たなアプローチも生まれてきます。ちなみに、小学校第5学年の振り子の運動の授業では、周期の測定という型に対して、どのような新しいアプローチの仕方があるというのでしょうか。第2部では具体的な事例を通して1つの提案をしています。

　理科の考え方の具体的な方略としてICTの利活用を授業づくりに導入することで、道具としてのICTを超えた新たな展開の可能性を私たちに気づかせてくれます（第2章、3章では小学校、中学校での新たな展開の可能性について考えます）。

教員の ICT 活用指導力チェックリスト（平成 30 年 6 月改訂）[1]

A	教材研究・指導の準備・評価・校務などに ICT を活用する能力
A−1	教育効果を上げるために、コンピュータやインターネットなどの利用場面を計画して活用する。
A−2	授業で使う教材や校務分掌に必要な資料などを集めたり、保護者・地域との連携に必要な情報を発信したりするためにインターネットなどを活用する。
A−3	授業に必要なプリントや提示資料、学級経営や校務分掌に必要な文書や資料などを作成するために、ワープロソフト、表計算ソフトやプレゼンテーションソフトなどを活用する。
A−4	学習状況を把握するために児童生徒の作品・レポート・ワークシートなどをコンピュータなどを活用して記録・整理し、評価に活用する。
B	授業に ICT を活用して指導する能力
B−1	児童生徒の興味・関心を高めたり、課題を明確につかませたり、学習内容を的確にまとめさせたりするために、コンピュータや提示装置などを活用して資料などを効果的に提示する。
B−2	児童生徒に互いの意見・考え方・作品などを共有させたり、比較検討させたりするために、コンピュータや提示装置などを活用して児童生徒の意見などを効果的に提示する。
B−3	知識の定着や技能の習熟をねらいとして、学習用ソフトウェアなどを活用して、繰り返し学習する課題や児童生徒一人一人の理解・習熟の程度に応じた課題などに取り組ませる。
B−4	グループで話し合って考えをまとめたり、協働してレポート・資料・作品などを制作したりするなどの学習の際に、コンピュータやソフトウェアなどを効果的に活用させる。
C	児童生徒の ICT 活用を指導する能力
C−1	学習活動に必要な、コンピュータなどの基本的な操作技能（文字入力やファイル操作など）を児童生徒が身に付けることができるように指導する。
C−2	児童生徒がコンピュータやインターネットなどを活用して、情報を収集したり、目的に応じた情報や信頼できる情報を選択したりできるように指導する。
C−3	児童生徒がワープロソフト・表計算ソフト・プレゼンテーションソフトなどを活用して、調べたことや自分の考えを整理したり、文章・表・グラフ・図などに分かりやすくまとめたりすることができるように指導する。
C−4	児童生徒が互いの考えを交換し共有して話合いなどができるように、コンピュータやソフトウェアなどを活用することを指導する。
D	情報活用の基盤となる知識や態度について指導する能力
D−1	児童生徒が情報社会への参画にあたって自らの行動に責任を持ち、相手のことを考え、自他の権利を尊重して、ルールやマナーを守って情報を集めたり発信したりできるように指導する。
D−2	児童生徒がインターネットなどを利用する際に、反社会的な行為や違法な行為、ネット犯罪などの危険を適切に回避したり、健康面に留意して適切に利用したりできるように指導する。
D−3	児童生徒が情報セキュリティの基本的な知識を身に付け、パスワードを適切に設定・管理するなど、コンピュータやインターネットを安全に利用できるように指導する。
D−4	児童生徒がコンピュータやインターネットの便利さに気付き、学習に活用したり、その仕組みを理解したりしようとする意欲が育まれるように指導する。

参考文献

1) 文部科学省（2021）「令和 2 年度 学校における教育の情報化の実態等に関する調査結果（概要）（令和 3 年 3 月 1 日現在）」

第2章　小学校理科でのICTの有効活用

1 ■ 理科における直接体験とICTの有効活用

　第1章を受けて、ここでは小学校理科でのICTの有効活用について考えます。

　小学校第3学年「物と重さ」の単元では、身近にある色々な物を実際に手に持ってみてなんとなく重さが違うという感覚を体験をします。また、「こん虫を育てよう」という単元では、モンシロチョウが飛んでいる様子を観察したときの、なんとなく肌で感じた空気の温かさを実感することがあります。このように小学校理科においては、自然の事物現象に直接触れ、観察、実験を行うことを通して問題解決の力や態度を育てることが基本となります。このことはICTを導入してもそれは変わることはありません。しかしながら、ICTを活用することによって直接体験の困難な内容が補足されたり、幅広い情報によって個々の事例からの一般化がより効率的に行われたりするとしたら、直接体験とICTの活用の相乗作用によって理科における「主体的・対話的で深い学び」はより身近に感じられるに違いありません。

　「直接体験（観察、実験等）」＋「ICTの利活用」→　理科における主体的・対話的で深い学び

　事実、文部科学省は

> 　「観察、実験の代替」としてではなく、理科の学習の一層の充実を図るための有用な道具としてICTを位置づけ、活用する場面を適切に選択し、教師の丁寧な指導の下で効果的に活用することが重要
> 　　　　　　　　　　　　　　　　　　　　　　　　　　　　　　　　（文部科学省、2020）

としています。

2 ■ 理科におけるICTの利活用の場面（児童の資質・能力の向上のために）

　では、小学校理科の問題解決の過程の中で、どのようなICTの活用方法が考えられるでしょうか。第5学年の「天気の変化」では、観察者は観察する地点でのみ「直接体験」が可能です。しかし、観察者の観察する時刻にICTで他の観察場所にジャンプすることができたとしたら、情報量は格段に増すことになります。ICTの利活用は、疑問を見いだしたり、きまりを見つけたりすることに大きく貢献することが期待できます。

　また、高速インターネットの普及により、美しい画像や動画にも簡単にアクセスすることができるようになりました。第5学年の「動物の誕生」では、母親の子宮の中の胎児がリズミカルに心臓を動かしている様子をICTでは伝えることができます。そこには教科書の2次元的な絵では味わえないインパクトと生命の力強さがあります。第6学年「土地のつくりと変化」では、カメラが設置されている活火山の姿や海底火山が噴火する様子をリアルタイムで見ることもできます。これまで感じることができなかったより大きな感動から、モチベーションが生じ、疑問を感じ、さらに仲間と議論することが可能になるのであればICTを使わない手はありません。

このように ICT の利活用によって児童の活動や理解は飛躍的に進むことが期待できます。しかし他方で、指導者にとっては ICT の使用目的が授業の目標とリンクしていなければなりません。例えば、

・学習者の考えの裏付けとなる根拠を明確にさせたい。

・何度も再生して観察させたい。

・数値で出てきたデータを簡単に処理させたい。

等々です。そのようなとき、アプリの様々な活用方法を知っておくことで指導の幅はさらに広がります。本書では領域に応じて様々なアプリの紹介をしていますので、参考にして頂けたらと思います。

まずは、目的に応じて、「友達のデータと比べて共通点や差異点が分かったり、自分が過去保存したときのデータと比較して関係付けが可能になったり」といった簡単なことから始めてみてはいかがでしょうか。

3 ■ 理科における ICT の活用の場面（個々の事実から規則性や法則性の発見へ）

理科の学習では個々の事実から一般化を行う機会がよくあります。理科の学習で行う一般化は、ある程度の数がなければ行えません。先述した「天気の変化」では、1 日だけの観察では一般化ができないように、あるいは、ある種の花の特徴は 1 個体だけではいえないように、ある程度の数を必要とします。数が多ければそれだけ信頼度も高くなりますが、扱いもまた面倒になります。そんなときにも ICT の利用が、抱いた予想や仮説に信頼できる根拠や理由を与えてくれることになります。

最後に、理科に限った話ではありませんが、児童の発表のときなどは ICT がさらに活躍するでしょう。これまで収集したデータをもとに表現法を工夫してシートを並べ替えてみる、自分のデータをグループやクラス全員に配信する、大画面で分かりやすく伝える等々、教師の工夫次第で活用方法も格段に増し、主体的・対話的で深い学びがより一層実現されていくと思われます。

参考　本書で扱った小学校理科の事例について示しておきます。

事例一覧表（小学校）

エネルギー領域	粒子領域	生命領域	地球領域
3 年：じしゃくのふしぎ	3 年：物と重さ	5 年：動物の誕生	3 年：地面の様子と太陽
5 年：振り子の運動	4 年：金属、水、空気と温度	6 年：植物のからだとはたらき	5 年：天気の移り変わり
	5 年：物の溶け方		6 年：月と太陽

参考文献

1）文部科学省（2020）「理科の指導における ICT の活用について」
https://www.mext.go.jp/content/20201102-mxt_jogai01-000010146_004.pdf

第3章　中学校理科でのICTの有効活用

1 ■ 一人一台端末で大切にしたいこと

　令和3年度の内閣府の調査によると、13歳でのインターネット利用経験は98.3%、専用のスマートフォン所持率は小学生（10歳以上）で63.3%、中学生で91.1%となっています。中学生のほとんどは端末操作に長けているだけでなく、コンテンツ利用経験も豊富に持っていることが窺えます。この実態を踏まえれば、一人一台端末で大切にしたいこととは、まずその前提として生徒を信頼して任せるということではないでしょうか。

　授業の例で見ていきましょう。中学校第1学年で音と地震波を学習します。地震波には初期微動（P波：Primary wave）と主要動（S波：Secondary wave）があります。音波とP波は縦波です。それでは「縦波」とはどのようなものなのでしょうか。ここでの授業展開の様子には次の表のように色々なタイプがあることが分かります。

板書型	視聴覚支援型	体験型	一人一台端末型
教師が黒板に文字・図を板書した解説を聞く	教師がクラス全体に示した図や動画を視聴する	生徒数人グループで縦波と横波の違いのモデル実験を行う	個人で縦波と横波の違いを調べ発表する

　では、一人一台端末型での授業展開は他のタイプと比べて何がどう違うのでしょうか。

> 個人の端末で縦波と横波の違いを説明しているインターネットサイトを様々訪問してみましょう。その中で自分が一番分かりやすかったと思うサイトをグループのメンバーに報告し合いましょう。

　教師からの指示に対して、生徒たちは真剣に、しかも熱心に取り組みます。そしていろんなページや動画を参照し読み進めることで、縦波と横波についての理解を深めていきます。グループで紹介したページや動画がなぜ自分にとって分かりやすかったのかということを説明するために、教師から提示される教材を見て学習していたときよりも、より主体的に学習が進みます。また、グループの仲間にとって「一番分かりやすかった」と思った内容に随分と多様性があることから、自身の認知特性と他者の特性との違いも感じ取ることができます。

　この活動を通して、生徒は、文字を多く使った詳しい解説的なページや図と説明文が適度に組み合わさったページ、また、実写の動画、アニメーションの動画など様々なバリエーションを見つけ出してきます。これらをグループの生徒たちとともに、時には教師も加わって楽しみ、発見していくのもよいでしょう。そして、分かりやすい例示は、全体でシェアしましょう。そのシェアの仕方も、ICT機器を用いて様々な方法で行うことができます。このような使い方も一人一台端末の特長の1つです。

教師が一方的に分かり易いと思っていたことも、生徒の受け取り方には違いがあります。だからこそ、生徒を信頼して一人一台端末のよさを活用するとよいですね。

2 ■ 理科における ICT の利活用の場面（生徒の資質・能力の向上のために）

　理科の授業において事物・現象の観察や実験、また、実物や実体験が重要なのはいうまでもありません。安易に ICT 機器を用いて観察や実験の代替としないように注意しましょう。

　右下の図を見てください。これは、探究の過程を示しています。理科の学習においては自然の事物・現象に直接触れ、課題の把握、仮説の設定から検証計画の立案、観察、実験を行い、情報の収集、処理、考察、一般化などを通して科学的に探究する力や態度を育て、理科で育成を目指す資質・能力を養うことが大切とされています。この過程のどこかで効果的な ICT 活用が期待されています。そこにはどのような有効な使い方があるのでしょうか。文部科学省は「GIGA スクール構想のもとでの理科の指導において ICT を活用する際のポイント」[1] として理科の特性に応じた ICT 活用の例を次の表のように示しています。

表　理科の指導において ICT を活用するポイント（抜粋）

ICT の使い方例	資質・能力との関係
観察、実験のデータ処理やグラフ作成	規則性や類似性を見いだす
カメラと ICT 端末の組合せ	観察、実験の結果の分析や総合的な考察を裏付ける
センサを用いた計測	通常では計測しにくい量や変化を数値化・視覚化して捉える
シミュレーション	観測しにくい現象を分析したり、検証したりする
情報の検索	探究の過程や問題解決の過程で必要となる情報を取得する
クラウド上で共有	各班の実験結果を比較したり、生徒それぞれが行った考察を交流したりする

図　探究の過程

　ICT 機器は、観察や実験を補完するものであり、観察や実験を代替するものではないことが分かります。しかし、これらの例示はグループに１つの ICT 機器があっても成立します。これまでのように、教師が全体に提示したりしていた「教師による ICT 活用の一斉学習型」の時代は過ぎ、グループで１台の ICT 機器の活用の時代も超え、現在は一人一台端末を前提にした個別学習や協働学習での活用が求められています。そのヒントが第 2 部の活用事例に多く示されています。

　重要なことは、探究の過程における各段階でしっかりと時間を確保し、一人ひとりが仮説や観察・実験の方法を考えたり、結果について吟味したり話し合って考えを深めたりといった活動としていくことです。このような ICT 活用を取り入れることで主体的・対話的で深い学びがより一層充実するものとなり、資質・能力の向上に役立つ学習内容となっていくことでしょう。

参考文献

1）文部科学省（2021）「理科　GIGA スクール構想のもとでの理科の指導について（中学校）」
https://www.mext.go.jp/a_menu/shotou/zyouhou/mext_00006.html#tyu

第2部

事例集

- エネルギー領域
- 粒子領域
- 生命領域
- 地球領域

◆エネルギー領域の事例について◆

1 エネルギー領域でICT活用が活きる場面

ICTの有効活用、特にタブレットの導入が活きる（授業を活性化させる）場面とはどのような場面でしょうか。小・中学校とも学習指導要領の理科の目標に「見通しをもって観察・実験などを行うことなどを通して」とあり、自然の事物・現象に働きかけ、得られる知識や、またそのための技能を身に付けることが理科の目標の第一歩です。

実験や観察に着目したとき、特にその実験や観察の対象が

---

① 瞬時に終わってしまうような現象　② 時間の要する現象　③ 微視的な現象

④ 巨視的な現象　⑤ 可視化できない現象　⑥ ３次元的な現象

⑦ 複雑なステップが絡むような現象　⑧ ステップ数の多い現象

⑨ 小中高の系統性に配慮したい現象　⑩ 最先端科学との接点を求めたい現象

のような場合にはタブレットを用いることで児童や生徒にとってより身近に、また調べようとする自然の姿をより的確に捉えることができます。ちなみに、**事例1**で取り上げる小学校第3学年の「じしゃくのふしぎ」では、磁石が及ぼす磁力の様子をクリップや砂鉄を使って目に見えるようにしています。すなわち、磁石の力という**可視化できない現象**（⑤）を可視化できる道具としてタブレットを用いているのです。さらに、対象を平面的に捉えがちな子ども達にタブレットという道具を通して、**立体的に活き活きと見せる**（⑥）ことも可能です。「種まき実験」や「探究活動への誘い」で触れるように、**小・中学校の系統性にも配慮した**（⑨）発展性のある（奥行きのある）授業展開への可能性もICTの有効活用によって拓けてきます。

2 事例の紹介

エネルギー領域は物理の内容が中心です。そこで、取り上げた4つの事例では小・中学校の系統性に配慮して、

【力学分野】　2つの事例

事例2（小学校5学年）振り子の運動

事例4（中学校3学年）仕事とエネルギー

【電気・磁気分野】　2つの事例

事例1（小学校3学年）じしゃくのふしぎ

事例3（中学校2学年）電気抵抗

としました。以下、それぞれの事例についてコンパクトに紹介しましょう。

力学分野の2つの事例は、「振り子の運動」でつながっています。

事例2　振り子の運動：　周期の測定（時間の計測）が実験活動の柱です。そこで、児童が計測にあたって「おやっ」と思ったときに、いつでもタブレットを通して「計測の仕方」を視聴できるようにしています。さらに、使用する計測器（ストップウォッチ）も、スクラッチ等を使って児童が目的に応じて自作したものを使うことができれば、見通しを持った実験にと

どまらず情報活用能力の育成にもつながります。

　事例４　仕事とエネルギー：　力学的エネルギーを体感できる遊具ブランコ（振り子）を取り上げ、おもりの高さ（位置エネルギー）と速さ（運動エネルギー）に着目させます。振り子の動きに合わせて、高さと速さはどのように変化するか、そこにはどのような関係があるかを、生徒一人ひとり、タブレット上に振り子の動きを描画させます。イメージを伴った思考力・表現力の育成にタブレットの活用は威力を発揮します。

　電気・磁気分野は、児童・生徒の活動を円滑にするための道具としてICTを活用します。

　事例１　じしゃくのふしぎ：　磁石に付くもの・付かないものの調べ学習を、学校や自宅で行うための道具としてタブレットを使用します。自宅では身近な様々なものに触れ、学校では友達と協働しながら分類していきます。児童と児童、児童と現象をつなぐものがタブレットです。

　さらに小・中学校の系統的な学びとして、磁力の可視化にも触れています。タブレットの使用により、学びの広がりと深さが期待できます。

　事例３　電気抵抗：　実験の導入で、実験器具の説明の際にタブレットを使用します。画面に集中させることで、その後の実験がスムーズに進むだけでなく、教師もまた生徒の支援に集中できます。タブレットの活用は結果の共有化とその処理にとどまらず、データのグラフ化を通して実験結果と法則との関係性に気づかせ、考察させる深みのある授業展開を可能にします。

3　事例の見方・活かし方

　①　３つのステップによる紹介：　４つの事例は、それぞれ３つのステップ（まず使ってみる、初級編、中級編）からなっています。これらは、決して易～難の順序ではありません。本書は、理科の授業で初めてタブレットを使ってみよう（みたい）という読者を対象にしており、まず使ってみるでは、「**これなら私にも使える**」という実感を持って頂くことがねらいです。そして、初級編で「**これは面白いぞ**」と気づき、中級編で「**こんな扱いもできるんだ**」と感じて頂ければ、事例に託したねらいは半ば達成されたと考えてよいでしょう。最初は真似から入り、慣れてくれば皆さん自身のアイディアを盛り込んだユニークな展開に仕立ててください。

　②　会話による展開：　事例はすべて、人物による会話で進みます。「どうすればいいんだろう」という読者の不安な気持ちを代弁してくれますし、また先輩にあたる人物が色々とアドバイスをし、皆さんを元気づけてくれます。皆さんは、この人物の気持ちになって読み進めてください。

　③　コラムやトピックスによるサポート：　随所にコラムやトピックスを設けています。コラムでは、事例に託した作成者の思いや苦心談、またより発展的なことなどを扱っています。また、トピックスでは、事例に頻繁に登場するツールやアプリについて説明しています。エネルギー領域のトピックスの１つに事例２と４に関わって、「振り子の等時性と力学的エネルギー保存の法則」について触れたものがあります。「しっかりとした内容あってこその道具としてのタブレット」、このことは心に留めておきましょう。

初心者のAさん

どうすればいいんだろう。

先輩のBさん

このようにしてみましょう。

エネルギー領域

小学校第3学年 「じしゃくのふしぎ」

本事例の ICT 活用！

まず使ってみる	：	磁石に付くもの・付かないものの写真を撮ろう
初級編	：	撮った写真を分類しよう
中級編	：	実験の結果から分かることを共有しよう

1 単元について

学習指導要領における本単元の位置づけは次の通りです。

　　磁石の性質について、磁石を身の回りの物に近付けたときの様子に着目して、それらを比較しながら調べる活動を通して、次の事項を身に付けることができるよう指導する。

ア　次のことを理解するとともに、観察、実験などに関する技能を身に付けること。

　（ア）　磁石に引き付けられる物と引き付けられない物があること。また、磁石に近付けると磁石になる物があること。

　（イ）　磁石の異極は引き合い、同極は退け合うこと。

イ　磁石を身の回りの物に近付けたときの様子について追究する中で、差異点や共通点を基に、磁石の性質についての問題を見いだし、表現すること。

（文部科学省、p. 96）

　児童が、磁石を身の回りの物に近付けたときの様子に着目します。それらを比較しながら、磁石の性質について調べる活動を通して、磁石についての理解を図り、観察、実験などに関する基礎的な技能を身に付けます。主に**差異点や共通点をもとに、問題を見いだす力や主体的に問題解決しようとする態度**を育成することがねらいとなっています。なお、本事例では①相違点や共通点を際立たせるため、②主体的に問題解決するために ICT を活用します。

2 本時の展開と ICT の活用場面

　本時の展開と ICT の活用場面は次の通りです。次節以降、具体的な ICT の活用の仕方について述べます。

学習指導案

〈単元計画と ICT の活用場面案〉

時数	学習内容
1	・身の回りの磁石について話し合う。
3	・磁石に付くもの・付かないものを調べる。磁石に付くもの・付かないものを分類する。
1	・磁石の力がどのように働いているかを調べる。
1	・2つの磁石の極同士を近付けると、どうなるか調べる。
1	・磁石に付いた鉄は磁石になったのか確かめる。

まず使ってみる
自然現象への気づき　静止画　結果を記録する

初級編
結果の処理　表　結果を整理する

中級編
結果の処理　→　考察　共有　結果を共有する

3　まず使ってみる

活用場面　自然現象への気づき　ICT活用　静止画　結果を記録する

> 子ども達が ICT 機器に慣れるためにタブレットで写真を撮ることから始めてみよう。まずは、学校や家にある磁石に付くもの・付かないものを写真に撮らせてみようかな。

◆磁石に付くもの・付かないものを調べます。

まずはたくさん活動させ、磁石に引き付けられるもの・引き付けられないものの**違いに気づかせ**ます。学校や家庭で写真を撮る活動は、子ども達のやる気を引き出します。

学校での活動は、児童同士の**協働作業**を促します。その活動のすべてがタブレットを通して**可視化**できます。

丸型磁石は落とすとすぐに割れてしまうので、棒磁石がおすすめです。

教室で磁石に付くところを調べている様子

タブレットは家庭にも持って帰れますね。家庭での活動は興味を喚起し、**多様な活動**につながります。同じスプーンでも、磁石に付いた子、付かなかった子と分かれます。この結果の違いは次の**思考の手掛かり**になります。

　タブレットを使用するよさの1つに、考えを共有し深めることがあります。初級編、中級編でも紹介します。

4 初級編：集めた写真を分類しよう

活用場面	結果の処理	ICT活用	

◆撮ってきた写真を分類する場面で使用します。

　写真を磁石に付くもの・付かないものと分けてスライドに貼ります。はさみのように、この部分は付いたけど、ここは付かなかったということもあります。その際は真ん中に貼らせるといいです。

　子ども達が作ったスライドを提出させ一覧にします。一覧にしてみると、磁石に付くもの・付かないものに**どんな違いがあるか**が分かります。子ども同士で相談させてみましょう。

　「同じ空き缶なのに付くもの・付かないものがある」「小銭は全部付かなかった」「見た目は付きそうなのに」このような気づきが大切です。

分類したスライドの一覧

初級編のポイント！

　小学校3年生なので、まずは**簡単な分類**をするところからスタート。分類をすることで、違いがはっきりしますね。調べたものを紙に書くと、鉄のスプーンでも木のスプーンでもどちらも「スプーン」となります。写真を撮ることで**文字だけでは伝わらないことが理解できます**ね。

5 中級編：実験の結果をみんなで共有しよう

活用場面	結果の処理 → 考察	ICT活用	共有	結果を共有する

◆磁石の力がどのように働いているのかを予想して書かせる場面で使用します。
磁石とクリップにはどんな力が働いているか線を書き込みましょう。

■ 種まき実験① ■ 磁力の発見（磁力の可視化）

クリップに糸を付けて、糸と机をテープで留めます。磁石を近付けると、クリップが浮きます。このクリップと磁石の間に距離があることを押さえます。このときの様子を班で協力して**写真に撮ります**。

目には見えない力が磁石から出ているのだという気づきを促します。

この実験は、中学校での磁力線の学習につながります。クラスを半分に分けて、半分をネオジム磁石（磁力が強い）に変えると、磁石とクリップとの距離はどうなるかを実験しても面白いです。**磁力の違いによって、クリップとの距離が変わる**ことが分かります。

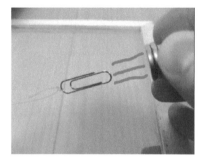

写真に磁力線を書き込む

■ 種まき実験② ■ 磁力の発見（磁力の空間的な広がり）

たくさんのクリップを下敷きごしに磁石に付けます。「付けられるだけ付けてごらん」というと子ども達は喜んでします。この様子を写真に撮り、班ごとで比べます。

どの班も**共通点**が見えてきます。写真を撮り、磁石の力はどのように働いているか、線を書き込ませます。**放射状**に広がっていることが分かります。先ほどの実験では磁力を線で捉えていましたが、今回の実験で**空間的な広がり**で捉えさせます。この実験は、中学校での磁界の学習につながります。

放射状に広がった磁力線

中級編のポイント！

実験結果を共有し、共通点を見つけます。磁石の力がどのように働いているのかを班で話し合うことで対話的な学びもできます。すぐに消して書けるタブレットなら自由に考えを表現することができますね。

今回の実験のように磁石の見えない力を書き込ませるだけで、さらに深く理解でき、中学校での学びへとつながりますね。次に、**探究的な活動**を紹介しましょう。

▌探究活動への誘い▐　タブレットに写真を撮り、磁力の様子を描かせます

① 磁石を増やしてみましょう

磁石の量を増やすとクリップが付く量も多くなる。磁力の放射状の様子がよりはっきり分かる。

② 小さいクリップで試してみましょう

クリップが小さくなると、磁力の模様がより鮮明に現れる。鉄粉は非常に小さなクリップと考えるとよい。

③ クリップに磁石の２つの極を近付けましょう

クリップが付こうとしたり、反発したりする。磁石の極への気づきにつながる。

磁石を増やしたときの実験の様子

実際に磁力線を見るアナログ実験へ

以上の準備のもとなら、実際に磁力線を見ても磁力の様子が分かりやすいです。100円ショップで必要なものはすべて用意できます。

棒磁石を透明な容器に入れ板の上に置きます。上から鉄粉をまき、トントンと板を叩きます。すると、磁力線が浮き出てきます。鉄粉がない場合はスチールウールたわしを細かく切ったもので可能です。

用意が大変な場合は動画を見せてもいいですね。

大きなクリップの動き→小さなクリップの動き
→・・・
→鉄粉の模様
→磁力線のイメージから磁力のイメージへ

磁力線を見るアナログ実験

6 ▶ 2つの活用例の特色

・今回の初級編は分類、中級編は結果からの考察というところに重きを置いています。

・初級編では、写真を撮るということから始め、その写真を分類しました。分類した写真を児童みんなで共有することで、共通点や相違点が分かりやすくなります。今までの紙媒体での文字だけのイメージに比べて、タブレットを用いた学びでは、より深い話し合いが生まれます。

・中級編では、実験結果に自分の考えを書き込むという作業を導入しました。書き込むことは児童にとって表現しやすく、友達と考えて書いた線を書き足したり消したりする作業を通して、**違いを意識したり**、お互いの考えを**足し合わせたり**してより深い理解が可能になります。

コラム ● 学びの系統性への意識 … 理科を楽しくする秘訣

　小学校で実験をする際に何を意識しますか。安全面や実験時間の確保・用語の定着・対話的な学習など、配慮しなければならないことはたくさんあります。その1つに「系統性（つながり）」への配慮があります。この学びは、次にどう活かされるかを意識することで理科はもっと楽しくなります。

　例えば、今回の磁石の単元では3年生（磁石の性質）での学びが5年生や中学2年生（電流と磁界）の学習とつながります。さらにいえば、小学2年生で行う磁石遊びの経験が3年生につながっています。教材研究では、「**この学習は何の学習につながっているのかな**」「**何の学習を経てきているのかな**」と少し意識することで、より質の高い発問づくりへとつながります。

中2　電流と磁界
・電流が作る磁界
・磁界中の電流が受ける力
・電磁誘導と発電

小3　磁石の性質
・磁力に引き付けられる物
・異極と同極

小2　せかいでひとつ わたしのおもちゃ
・磁石遊び

（参考：啓林館HP）

　ICT活用の利点の1つに見えないものを可視化することがあります。磁力線を予想して書いてみることで、見えない力を意識します。友達の意見と比較することで、共通点や相違点も際立ちます。磁石の単元は**ICTの活用**にぴったりですね。

エネルギー領域

事例 **02**

小学校第5学年「振り子の運動」

本事例の ICT 活用！

まず使ってみる	：「ストップウォッチ」の使い方を動画で視聴しよう
初級編	：実験の結果を表に入力してみよう
中級編	：実験の結果をみんなで共有し考えを深めよう

1 ▷ 単元について

学習指導要領における本単元の位置づけは次の通りです。

> 振り子の運動の規則性について、振り子が1往復する時間に着目して、おもりの重さや振り子の長さなどの条件を制御しながら調べる活動を通して、次の事項を身に付けることができるよう指導する。
> ア　次のことを理解するとともに、観察、実験などに関する技能を身に付けること。
> （ア）　振り子が1往復する時間は、おもりの重さなどによっては変わらないが、振り子の長さによって変わること。
> イ　振り子の運動の規則性について追究する中で、振り子が1往復する時間に関係する条件についての予想や仮説を基に、解決の方法を発想し、表現すること。
>
> （文部科学省、pp.102-103）

　児童が、振り子が1往復する時間に着目して、振り子の長さやおもりの重さ、振れ幅という条件を制御しながら、振り子の運動の規則性を調べる活動を行います。このような活動を通して、振り子の運動についての理解を図り、**変える条件と変えない条件を制御する実験**によって、適切な実験処理の方法や技能を身に付けます。また、主に予想や仮説をもとに、解決の方法を発想し、それを適切に表現する力、また主体的に問題解決しようとする態度を育成することがねらいとなっています。

2 ▷ 本時の展開と ICT の活用場面

　本時の展開と ICT の活用場面は次の通りです。次節以降、具体的な ICT の活用の仕方について述べます。

学習指導案 ||||||||||||||||||||||||||||||||||||

〈本時における ICT の活用場面〉

時数	教師の指導
導入	・前時の学習内容の確認。 ・本時のめあてについての説明。
展開1	・振り子の周期の測定【技能（条件制御）】 （振り子の長さ、おもりの重さ、振れ幅の３つの条件について）。
展開2	・振り子の周期を左右する要素の発見。 ・グラフ表示による可視化。
まとめ	・振り子の性質についての気づき。 ・映像による現象解明【思考力・判断力】。 ・本時のまとめ。

まず使ってみる
実験計画の立案 → 観察、実験　[動画の視聴 ▶]　ワンポイント活用

初級編
結果の処理　[表]　結果を整理する

中級編
結果の処理 → 考察　[共有]　結果を共有する

3　まず使ってみる

活用場面	実験計画の立案 → 観察、実験	ICT活用	動画の視聴 ▶　ワンポイント活用

> 子ども達が ICT 機器に触れて慣れることから始めてみよう。まずは、一人ひとりが実験前に「ストップウォッチ」の使い方を動画で視聴する場面を設定してみようかな…。

◆振り子の実験を行う際の導入で使用します。

　実験の場面では、作成したタイマー（カウントアップ、ダウン機能）を使って振り子の１往復する時間の測定を行います。

　その際、**始めに「タイマー」の使い方を動画で視聴し学習します。** ここで使用するタイマーには、①周期の測定と②周期から振り子の長さを求めるという２つの機能があり、多様な扱いができます。

　ここでは、振り子のどの位置でタイマーをスタート・ストップさせるかという「実験に即した使い方」の動画を視聴させます。実験中、おやっと思ったらいつでも視聴できるようにしておきましょう。主体的な活動の第一歩です。

タイマー（カウントアップ・ダウン）

子ども達が実験器具の使用方法についての動画を視聴する点は、一人一台端末の利点を活かせています。
繰り返し視聴して操作を確認できるので、基本的な技能の習得につながりますね。

エネルギー領域は実験が多く、得られた結果を整理し共有する場面も多くあります。単調な実験の繰り返しを避けるために ICT を活用します。データの共有がしやすいのも ICT の特色です。

4 初級編：実験で得られたデータを表に入力しよう

活用場面	結果の処理	ICT活用	表	結果を整理する

◆実験結果を入力する際に導入します。

この授業では、「振り子の1往復する時間はどのような条件で決まるのだろうか？」という問題を設定し、振り子の長さ、おもりの重さ、振れ幅の3つの条件を変えながら時間を測定します。実験の量が多くて大変ですので、

> 1・2班は振り子の長さとおもりの重さ
> 3・4班は振り子の長さと振れ幅
> 5・6班はおもりの重さと振れ幅

のように**条件をしぼって実験データを取らせます**。実験によって得られた**結果を処理する場面**では、子ども達が表にデータを入力します（右表は参考例です）。

ここでは、Google のスプレッドシートを用い、事前に各班のデータ入力用の表を作成しておきます。また、共有設定によって、すべての班が3つの条件による実験結果を共有できます。

	【 変 え た 条 件 】		
	ふれはば	おもりの重さ	ふりこの長さ
1班		1個…1.35 2個…1.41	50cm…1.35 1m…2.02
2班		1個…1.38 2個…	50cm…1.38 1m…
3班	15°…1.46 30°…1.42		50cm…1.46 1m…1.98
4班	15°…1.38 30°…1.14		50cm…1.38 1m…
5班	15°…1.38 30°…1.39	1個…1.38 2個…1.41	
6班	15°…1.1 30°…1.32	1個…1.1 2個…1.38	
7班		1個…1.41 2個…1.39	50cm…1.41 1m…1.99
8班		1個…1.4 2個…1.43	50cm…1.4 1m…2.0

スプレッドシートの記入例

【 変 え た 条 件 】		
ふれはば	おもりの重さ	ふりこの長さ
1班 15°…1.35 / 30°…1.42	1個…1.35 / 2個…1.41	50cm…1.35 / 1m…2.02
2班 15°…1.38 / 30°…1.43	1個…1.38 / 2個…	50cm…1.38 / 1m…
3班 15°…1.46 / 30°…1.42	1個…1.46 / 2個…1.41	50cm…1.46 / 1m…1.98
4班 15°…1.38 / 30°…1.14	1個…1.38 / 2個…	50cm…1.38 / 1m…
5班 15°…1.38 / 30°…1.39	1個…1.38 / 2個…1.41	50cm…1.41 / 1m…1.99
6班 15°…1.1 / 30°…1.32	1個…1.1 / 2個…1.38	50cm…1.4 / 1m…2.0
7班 15°…1.41 / 30°…1.42	1個…1.41 / 2個…1.39	50cm…1.41 / 1m…1.99
8班 15°…1.4 / 30°…1.39	1個…1.4 / 2個…1.43	50cm…1.4 / 1m…2.0

共有後のスプレッドシート

　共有の設定が完了したら、入力用のシートを Google Classroom などを用いて、子ども達と共有します。授業では、シートの開き方やデータを入力する場所などをスクリーンなどに投影して確認するとよいでしょう。（スプレッドシート→ p.145）

　実験結果を共有することで、振り子の長さに着目するようになります。タイマー（カウントダウン型）を用いて、**周期から振り子の長さを求めるという検証実験**をさせてもよいでしょう。これらの活動は、すべて中級編での考察活動につながります。

初級編のポイント！

　振り子の実験は、振り子の長さ、おもりの重さ、振れ幅と実験の条件が多くて大変です。1つの班が2つの条件で実験をし、そのデータを共有できるようにすることで、効率よく実験を行えるというメリットもあります。

　結果を整理するために表にすると、**規則性**などが発見しやすくなりますね。ICT を活用することで、紙ベースのアナログよりも**結果の整理の時間短縮**にもなります。

5 中級編：実験の結果をみんなで共有しよう

活用場面	結果の処理 → 考察	ICT活用	共有 / 結果を共有する

◆入力結果から、考察に入る際に導入します。

　初級編の授業場面の続きとなります。ここでは、**結果を処理し考察する場面**で、ICT を活用します。共同編集の設定にしたので、1つのスプレッドシートに各班のデータが入力されています。そのため、**各自の端末から各班の結果を確認**することができます。

共有後のスプレッドシート

〔結果〕
1．各グループの結果報告を聞いて、確認したことを記録しよう。

	【 変えた条件 】		
	ふれはば	おもりの重さ	ふりこの長さ
1班	ほとんど変わらない	ほとんど変わらない	0．6秒ちがう
2班			
3班	ほとんど変わらない	ほとんど変わらない	0．6秒ちがう
4班	ほとんど変わらない	ほとんど変わらない	0．6秒ちがう
5班			
6班	ほとんど変わらない	ほとんど変わらない	0．7秒ちがう
7班	同じ	同じ	0．6秒ちがう
8班	変わらない	ほとんど変わらない	0．64秒ちがう

各班発表後のそれぞれの班の考察結果

　子どもが誤ってデータを消してしまうことがないように、編集権限を解除しておくようにしましょう。

　子ども達は自分たちの結果だけではなく、**各班の結果も閲覧**して、「振り子の周期に影響を与えるのは3つの条件のうちどれか」という問題に対する妥当な答えについて考察します。

中級編のポイント！

　ICTの活用によって、効率的に結果を共有することができますね。そうすると、「自分たちの得た結論を他の班に紹介する際にどのようなプレゼンがよいか」など、考察にたっぷり時間をかけることができ、対話的な学びも促されます。

　各班の結果を共有して考察することを続けていくと、「多面的に考える」という理科の考え方も身に付いていきます。

6 ２つの活用例の特色

・今回の初級編、中級編の活用は、**結果の整理 ⇒ 共有**という一連の流れの中に位置づけられています。

　児童の活動は、①２つの条件についての実験活動　②【初級編】得られたデータの入力作業（検証実験を含む）③【中級編】３つの条件についてのデータの共有と考察活動、となります。これらは一連の作業です。

　②の初級編であっても、より深い考察のために、他の班の得たデータについて検証が行えるように**タイマーの活用に多様性**を持たせています（→ 次頁のコラム参照）。

活動①　グループでの実験活動

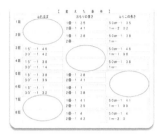

活動②　データの入力・共有

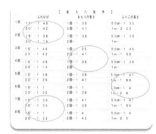

活動③　データの共有による考察

・初級編では、実験条件の多さから結果の共有や考察にまで時間をかけられなかった実験について、実験結果を表としてデジタル化（データ入力）することで、各班の結果を得られやすくしました。このようにすることで、実験の目的を見失うことなく効率的に行えます。また、表にすることで**規則性**を発見しやすくなります。

・中級編では、初級編の内容を踏まえて、表として整理された各班の結果を共有しています。各自が端末から表にアクセスし、複数のデータを参考にすることで多面的に考えながら考察できます。**新たな気づき（問いの発見）**にもつながります。

・なお、ここで紹介した ICT の活用は、実験をしてデータを取る授業ならば本単元に限らず同じように展開することができます。

コラム ● 考察を意識した実験処理の工夫

　実験から得た結果をもとに、タイマーを使って検証実験を行う方法を紹介しましょう。ここでは、**カウントダウンタイマー**を活用します。

(1)　子ども達が得た周期どおりに振り子が動いているかどうか、をタイマーをセットして試してみよう。

(2)　2倍の周期にするには、振り子の長さをどのように変えればよいのだろう。

(3)　タイマーをセットして実験から結果を得るだけではなく、得た結果どおりになっているかどうかの検証を行う。

実験からの予想（2倍の周期）
↓
振り子の長さは何倍？

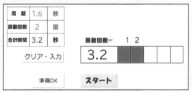

　常に自然（現象）に問い返す姿勢が大切です。カウントアップタイマー（ストップウォッチ）とカウントダウンタイマー（図）をうまく使うことにより、より探究的な活動に近付くことができます。タイマー自体も、スクラッチなどのプログラミング言語を用いて作成させることで、**自分たちが作った装置で自然現象の解明に乗り出す**ことにもつながります。

エネルギー領域

03 中学校第2学年 「電気抵抗」

本事例のICT活用！

まず使ってみる	写真を見ながら回路を組んでみよう
初級編	実験の結果を表に入力してみよう
中級編	考察を踏まえ、法則を導き出してみよう

1 単元について

学習指導要領における本単元の位置づけは次の通りです。

> (3) 電流とその利用
>
> 電流とその利用についての観察、実験などを通して、次の事項を身に付けることができるよう指導する。
>
> ア 電流、磁界に関する事物・現象を日常生活や社会と関連付けながら、次のことを理解するとともに、それらの観察、実験などに関する技能を身に付けること。
>
> （ア）電流
>
> ㋐ 回路と電流・電圧
>
> 回路をつくり、回路の電流や電圧を測定する実験を行い、回路の各点を流れる電流や各部に加わる電圧についての規則性を見いだして理解すること。
>
> ㋑ 電流・電圧と抵抗
>
> 金属線に加わる電圧と電流を測定する実験を行い、電圧と電流の関係を見いだして理解するとともに、金属線には電気抵抗があることを理解すること。
>
> （文部科学省、p.80）

金属線などに加える電圧と流れる電流の関係から、電気抵抗について理解させることがねらいです。金属線を用いた回路で、金属線に加える電圧と流れる電流の大きさを調べる実験を行い、測定値をグラフ化し、結果を分析して解釈し、**電圧と電流が比例関係にある**ことを見いだすとともに、色々な金属線の測定結果をもとに、**金属線には電気抵抗があること、物質の種類によって抵抗の値が異なること**を理解させます。その際、第1学年での「ばねに加える力の大きさとばねの伸びとの関係」との関連を図りながら、誤差の扱いやグラフ化など、測定値の処理の仕方を習得させます。

2 単元計画とICTの活用場面

本時の展開とICTの活用場面は次の通りです。次節以降、具体的なICTの活用の仕方について述べます。

学習指導案 ||||||||||||||||||||||||||||||||||||||||||||||||||||||||||||||||||||

〈単元計画と ICT の活用場面案〉

時数	学習内容
1	・単元・実験の導入を行う。 ・電圧と電流の間に規則性があるかどうかを調べればよいことに気づかせる。 ・電圧を変化させたとき、電流がどのように変化するかを予想させる。
1	・実験方法の確認をする。 ・スライドを見ながら回路を組む。 ・測定を行いながら実験結果を入力する。 ・班ごとにグラフの書き方を確認し、書いてみる。
1	・実験結果を踏まえ、考察を行う。 ・グラフを変化させながら、オームの法則の式を導き出す。

まず使ってみる
実験説明 → 実験　スライド

ワンポイント活用

初級編
結果の処理　表　グラフ化

結果を整理する

結果を共有する

中級編
結果の処理 → 考察　共有

考えを共有する

---

3 ▷ まず使ってみる

活用場面	実験説明 ⬇ 実験	ICT活用	スライド　ワンポイント活用

実験の説明をどうしたら**集中して聞いてくれる**かな？
どうしたら生徒が自分たちで**対話**をしながら実験を進めることができるかな？

◆実験の説明で使用します。

　実験の説明では、装置の使い方、回路の組み方、注意点などの確認をします。実験器具などが手元にあると触ったりしながら説明を聞けるので分かりやすいのですが、**反面、教員の説明に集中できない生徒**がでてきてしまいます。

　そこで、イメージが湧くようにスライドに写真をのせてプロジェクターで説明をし、実際に自分たちで操作するときには、タブレットを見ながら説明を思い出せるように**スライドを配信**しておきます。これにより、生徒たちが教員に聞くことなく、自分たちで対話をしながら進めることができ、教員は全体を見守る時間を増やすことができます。

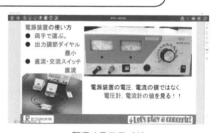

配信するスライド

回路を組んでいる様子

一人一台端末の利点は、生徒自身が自分のペースで何度も繰り返し見直すことができることです。個に応じた知識・技能の習得につながりますね。実験室での演示や説明において、教員の手元が見えないということもこれで解消できます。

　実験で一番大事なことは、安全・安心が確保されていることです。事前に説明しておけば、教員は生徒たちを見守ることに専念でき、きょうどう（共同、協同）作業を促すことができますね。

4 初級編：**実験で得られたデータを表に入力しよう**

| 活用場面 | 結果の処理 | ICT活用 | 表 | グラフ化 | 結果を整理する | 結果を共有する |

◆実験データを記録する際に使用します。

　実験では、「異なる2種類の電気抵抗に電圧を加え、変化させたときに、電流がどのように変化していくのか？」を調べます。実験によって得られた結果を生徒たちが表に入力します。

　ここでは事前に、教師が各班のデータ入力用の表を作成し、配信しておきます。具体的には、Excelで実験結果を入力する表とグラフを作成し、それをGoogleのスプレッドシートへアップロードします（次頁でアップロード方法を解説します）。
（スプレッドシート→ p.145）

測定をしている様子

タブレットの入力画面

初級編のポイント！

　表にデータを入力することで、生徒自身が理論値やグラフを意識しながら取り組むことができるので、実験中に気づきや対話が生まれます。各班で結果の整理・共有も簡単にできますね。

● **準備！（初級編）Google スプレッドシートへ Excel ファイルをアップロードする方法**

授業の前に、Excel で表とグラフを作成し、Google のスプレッドシートへアップロードし、共有設定をします。以下にアップロードの手順を記します。

① **Google** ドライブを開き、 ＋ 新規 をクリックする。
② 「フォルダのアップロード」をクリックする。
③ 作成したファイルをクリックし 、編集を行う。
※ グラフなどの設定が変わってしまうので、微調整をする必要があります。

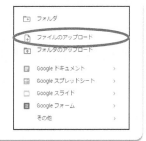

● **シートへの記入について（初級編）**

実験結果を記入する Excel ファイルについて説明しておきましょう。なお、サンプルは次の URL からダウンロードできます。

https://www.kspub.co.jp/book/detail/5291634.html 　ダウンロード

Excel ファイルには、理論値を計算するために、計算式が入っています。計算式は、オームの法則から**電流＝電圧÷抵抗×1000** となります。ここで 1000 倍しているのは、電流の単位を A ではなく、mA で表したいからです。

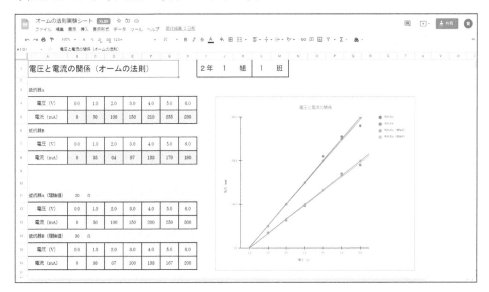

① Excel では、計算させた電流の値を表示させたいセルを選択し、「**＝電圧のセル番地 / 抵抗のセル番地＊1000**」と入力します。
② 班のシートはシートのタブを右クリックして、「移動またはコピー」→「コピーを作成する」で複製します。また右クリックの後、「名前の変更」で、「○班」と名前を付けます。
③ 平均のシートでは、各シートの実験値の平均値を計算させます。平均を計算するときは、各班の数値が入力されているセル番地を関数を使って指定します。「**＝AVERAGE（1 班のセル番地、…、○班のセル番地）**」を入力します（Excel 関数については→ p. 42）。

5 　中級編：実験の結果からみんなで考察をしよう

| 活用場面 | 結果の処理
↓
考察 | ICT活用 | 共有 | 考えを
共有する |

◆実験後の授業場面となります。ここでは、**結果を処理し考察する場面**で、ICT を活用します。事前に、教師が Google スプレッドシートをダウンロードし、Excel ファイルに変換・保存しておきます。また、グラフの軸の入れ替えも行っておきます（次頁では、ダウンロード方法、Excel の編集方法を解説します）。

> 授業ではまず、**平均値をとることの大切さ**や誤差の検討とその原因について振り返っておきましょう。

　オームの法則とは、「電流（結果）は電圧（原因）に比例する」ということです。実験結果をグラフにするときも、横軸（原因）を電圧、縦軸（結果）を電流の形で表します。

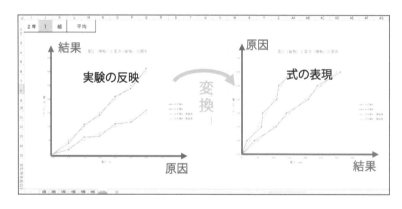

　しかし、オームの法則の式は、V（縦軸）＝R（傾き）×I（横軸）となっています。この**授業のポイント**は、軸を入れ替えることで、傾きが流れにくさを表し、これを電気抵抗と定義したという**先人の鋭い知恵**を知ることです。

中級編のポイント！

> 　まずは、2つの抵抗器のグラフを比較し、共通点・相違点から電圧と電流の間の規則性を見いだすことで、思考力を磨くことができますね。

> 　教科書のデータではなく、**自分たちのデータ**を使うことで、先人の知恵・思考の世界に**自分事**として入ることができます。単なるデータ処理ではなく、式の導出や法則の発見を体感するので、オームの法則の式の成り立ちを深く理解できますね。

●準備！（中級編）

Google スプレッドシートからダウンロードし、Excel ファイルに変換・保存する。

① Googleスプレッドシートの画面の左上にある
　「ファイル」をクリック。

②「ダウンロード」→「Microsoft Excel」をクリック。

※ グラフなどの設定が変わってしまうので、微調整を
　する必要があります。

●Excel のグラフの軸を入れ替える ⇨ 実験値から法則の形へ（中級編）

軸を入れ替える前と後のグラフを比較したいので、グラフをコピーアンドペーストしておく。

① 編集をしたいグラフを右クリックし、「データの選択」をクリックする。

② 軸を入れ替えたいデータを選択し、「編集」をクリックする。

③ 系列X、系列Yの範囲を入れ替える。※今回の場合、抵抗器A、BについてA（理論値）、

　B（理論値）と、実験値のそれぞれについて②～③の作業を4回繰り返す。

6　2つの活用例の特色

・今回の初級編・中級編の活用は、各班の結果の**整理・共有**、クラス全体の**結果の共有・活用**
　という一連の流れの中に位置づけられています。

・**初級編**では、リアルタイムに理論値やグラフが更新されていくため、実験結果を簡単に予想
　しながら行うことができます。また、自分たちの予想とは異なる実験データが出たときに、
　作業ではなく、対話が始まり、思考が深まります。

・**中級編**では、クラス全体で自分たちの結果を共有し、みんなで共通点・相違点を意識しなが
　ら考察します。**グラフから式**を導き出し、電気抵抗を**定義**し、**法則が発見**されるまでの過程
　を歩みます。

・なお、ここで紹介した ICT の活用は、実験などでデータを取る授業ならば、本単元に限ら
　ず同じように展開することができます。

エネルギー領域

事例 04 中学校第3学年 「仕事とエネルギー」

本事例の ICT 活用！

まず使ってみる	：	身近な遊具の動画を視聴して考えてみよう
初級編	：	仮説をもとにタブレットに描いてみよう
中級編	：	仮説を共有し、考えを深めよう

1 単元について

学習指導要領における本単元の位置づけは次の通りです。

> イ　力学的エネルギー
> （イ）　力学的エネルギーの保存
> 　　　力学的エネルギーに関する実験を行い、運動エネルギーと位置エネルギーが相互に移り変わることを見いだし、力学的エネルギーの総量が保存されることを理解すること。（文部科学省、p.83）

　ここでのねらいは2つです。1つは**運動エネルギーと位置エネルギーが相互に移り変わることに気づかせる**ことです。もう1つは**力学的エネルギーの総量が保存されることを理解させる**ことです。

　運動エネルギーと位置エネルギーが移り変わることに気づかせるために、振り子の運動の実験を行います。おもりの位置が低くなるにつれおもりの速さが増し、おもりの位置が高くなるにつれおもりの速さは減少し、やがて止まることに着目しましょう。また、おもりの最高点が変化しないことから、摩擦力や空気抵抗がない場合には、力学的エネルギーが保存されることも体感させることができます。

2 本時の展開と ICT の活用場面

　本時の展開と ICT の活用場面は次の通りです。次節以降、具体的な ICT の活用の仕方について述べます。

学習指導案 |||||||||||||||||||||||||||||||||||||||||||||||||||||||||||

〈本時における ICT の活用場面〉

	教師の指導
導入	・身近な高さと速さに触れる。 ・本時の学習課題を提示。→ 高さと速さにはどのような関係があるのだろうか？
展開1	・振り子について考える。 　・運動の様子 → 高さと速さの関係に気づかせる。 　・エネルギー → 位置エネルギーと運動エネルギーの関係に気づかせる。 ・本時の学習課題のまとめ → 位置エネルギーと運動エネルギーは互いに移り変わる。
展開2	・本時の学習内容を活用させる。【思考・判断・表現】 　・条件を変えた際の振り子の運動を予測させる。 　・予測した際に留意した点を共有する。
まとめ	・本時の学習内容をまとめる。

まず使ってみる
自然現象への気づき ▶ 動画の視聴 ／ 学びを蓄える

初級編
予想や仮説の設定 ／ 描画 ／ 認識を深める

中級編
考察 → 結論の導出 ／ 共有 ／ 考えを共有する

---

3 ▶ まず使ってみる

活用場面	自然現象への気づき	ICT活用	動画の視聴 ／ 学びを蓄える

生徒たちのイメージを共有することから始めよう。まずは、日常生活とのつながりを共有するために、画像や動画を示してみようかな？

◆日常との関連を図ることを目的として使用します。

　導入では「高さ」と「速さ」の関係について、生徒自らの考えを持たせるため、ブランコ（振り子の運動）の動画を見せ、**もっと速くするにはどのような工夫をすればよい**かを問いかけます。

　振り子の動きから、**速さと高さの関係**を予想させるとともに、ブランコの動きを生徒の考えのスタートとして位置づけます。展開への足掛かりです。ブランコという高校生にとってはありふれた現象であっても、問いかけの内容によっては探究への第一歩となります。

動画の視聴の様子

画像や動画を見せることで、言葉で説明するよりも**短時間で正確な情報を伝える**ことができますね！

ブランコを例にあげることで生徒の日常的な知識を引き出すことができます。また、生徒の状況によっては、**学習課題を与えてから動画を視聴させる**ことで、考えの方向性を与えることもできます。

4 ▶ 初級編：仮説を立てて、描いてみよう

活用場面	予想や仮説の設定	ICT活用	描画	認識を深める

◆生徒が自らの考えを表現するための道具として ICT を活用します。

　おもりの高さを高くすると、ストロボ写真はどのようになるだろう？ という発問を行います。「高さをより高くすると、速さはより速くなる」ことを作図を通して説明することで、表現力が育ちます。

　生徒の描いた図を共有させ、説明させることで、**学習のポイント**が明確になります。書き込みの手順は次のようになります。

図1　生徒が書き込むスライド

● 手順

① 　事前に「PowerPoint」等を用いて生徒の書き込み用のスライドを作成しておきます。（図1）

② 　作成したスライドを PDF にしたものを「MetaMoji」でクラスに配布します。

③ 　生徒が各自の端末で MetaMoji を開き、配布された PDF に直接書き込みます。（図2）

図2　自らの考えを書き込んでいる生徒

初級編のポイント！

> 学習したことを活用させることで、深く知ることができますね。**絵や図で表現させる**ことで、生徒の理解度が可視化でき、生徒同士の違いも鮮明になります。

補足：MetaMoji ClassRoom は有料のアプリケーションです（→ p. 43 参照）。
　MetaMoji ClassRoom を使わない方法は次のようになります。
① 　教師用端末をビッグパッド等に無線または有線で接続して、画面を共有します。
② 　ブランコの動画を再生します。（まず使ってみる）
③ 　事前に配布した PDF に生徒各自の端末で、自らの考えを絵で表現させます。（初級編）
④ 　教師用端末を Zoom に接続します。
⑤ 　指名した生徒を Zoom に参加させ、画面を共有させます。（中級編）
このとき生徒側に画面共有ができるように設定しておく必要があります。

5 中級編：仮説を共有しよう！

| 活用場面 | 考察 → 結論の導出 | ICT活用 | 共有 | 考えを共有する |

◆生徒の考えをまとめる際に使用します。

　MetaMoji を用いて生徒の画面を共有します。**生徒たちの考えをまとめたい**ときや、**生徒同士で議論させたい**ときに、生徒の描いた図や図のポイントを文章化させた画面を見せます。

● **共有の手順**は次のようになります。
① 　教師用端末で共有したい生徒の画面を選択します。（図 3）
② 　共有したい生徒の画面をダブルタップします。
③ 　必要に応じて、生徒に説明や質問をさせます。（図 4）

図 3　画面共有する方法（教師用端末の画面）

図 4　自分の考えを説明している様子

クラス全員に共有することで、
自分の考えとの共通点や相違点を
発見できるんじゃないかな？

中級編のポイント！

相違点に着目することでさらに学びが深まります！
具体的な指導方法は下のコラムで紹介しましょう。

6 ２つの活用例の特色

・ここで紹介した初級編と中級編は、**認識を深める → 考えを共有する → 違いを明確にする → 考えを深め・共有する**という一連の流れの中に位置づけられています。

・初級編では、学習内容を抽象的に理解するだけでなく、具体的な、より身近な現象に落とし込ませます。**作図という作業**を通して、自身の考えを表現させることによって**他者との比較**が生まれ、自身の考えがより**鮮明**になります。

・このことにより、生徒の理解には抽象的なレベルの認識と具体的なレベルの認識の両面が育まれます。抽象的な理解だけでは、他者との伝え合いはできません。

・中級編では、初級編の活動を踏まえ、生徒それぞれの考えをクラス全体またはグループで共有することにより、学習内容のまとめ等に活用します。その際、ICT 機器を用いることで、効率的に共有することができます。また、様々な考えに触れることで「共通点と相違点」や「条件制御」など理科の考え方・見方の育成が図れます。

コラム ● 考察を意識した実験処理の工夫

　本時の作図から読み取れる「生徒の考えの傾向」を紹介します。本時の目的と方法は以下の通りです。

> **●目的**
> 　振り子の高さや速さに着目させることで、位置エネルギーと運動エネルギーが
> 互いに移り変わること、また力学的エネルギーが保存されることを確認する。
> 　　　　　　　　　①　　　　　　　　　　　　　　　　　　　　　　　②
> **●方法**
> 　様々な生徒の考えを共有させる中で、共通点や相違点から目的を導く。

まずは、**学習の目的に近い生徒の反応**です。

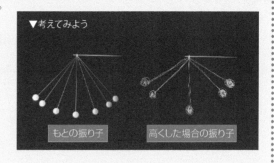

▼考えてみよう

もとの振り子 / 高くした場合の振り子

・「もとの振り子」よりもストロボの間隔が広いことから、**学習の目的の①**に到達していることが読み取れます。

・両端の振り子の高さが一致していることから、**学習の目的の②**に到達していることも読み取れます。

次に、誤りの見られる生徒の反応です。

3つのパターンが考えられますが、それぞれに対する声がけ（修正の手立て）の流れも記しておきます。

▌**パターン1**▌　学習の目的①には到達しているが、②に難が見られる場合

　　手立て：　「ブランコの動画を見てみよう」

　　手立て：　「ブランコの**最高点**に違いはありましたか？」

　　手立て：　「両端にあるおもりが持っている位置エネルギーに違いはあるのだろうか？」

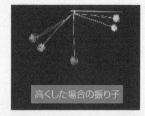

高くした場合の振り子

▌**パターン2**▌　学習の目的②には到達しているが、①に難が見られる場合

　　手立て：　「手を放した**振り子の速さ**はどのように変化しますか？」

　　手立て：　「最下点以降も加速し続けるでしょうか？」

　　手立て：　「振り子が加速している（減速している）のは、ストロボ写真の何に着目するとよいでしょう？」

高くした場合の振り子

▌**パターン3**▌　学習の目的①・②ともに難が見られる場合

　　パターン1とパターン2を組み合わせて考えることで、理解させることができます。ただし、生徒の思考の段階に応じて、手立ての順番等は工夫する必要があります。

高くした場合の振り子

Excel の関数を活用しよう！

　Excel の関数といっても、実は学校現場で使われるものは意外と少ないかもしれません。ここではまず、数式と関数の型について理解し、学校で使われている Excel ファイルを理解するところから始めましょう。分からない壁と出会ったときに、ネットで調べるだけでなく、同僚の先生と対話してみてください。

① 数式

　数式も関数もまず、セルに「＝」を入力します。これは、セルに文字や数字を表示させるのではないことを表します。

　セルに、「＝セル番地＋セル番地」と入力すると、足し算になります（例：E3 に「＝B3＋C3」と入力すると、E3 に B3 の数値と C3 の数値を足し算した結果の 7 が表示されます）。「＋」の部分を、「－」（引き算）、「＊」（掛け算）、「／」（割り算）に変えたりして、四則演算が自動で行えます。

　成績処理やテストの小計などのように、同じ計算を何度もする場合は、式をコピーアンドペーストすることで、簡単に多くの計算を正確に行うことができます。式なので、セルの数値の変更もできます。

② 関数

　セルに、「＝関数（X1,X2,・・・）」と入力すると、関数を使うことができます。「＝」の後に、様々な「関数」を入れます。そして「関数」の後の「（ ）」の中に、その関数で演算させたいセルやセルの範囲、条件などを入れます（関数によって変わります）。

　例：C8 に「＝AVERAGE(C3:C7)」と入力すると、C8 に C3 から C7 のセルの平均値が表示されます。

　（ ）の中で、セルを「 , 」で並べると、セルを 1 つずつ選ぶことができ、「 : 」でつなげるとセルの範囲を指定することができます。

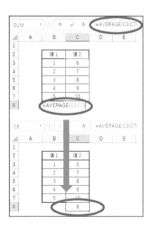

③ よく使われる数式や関数

・＝B3　　　　　　　　　　　（B3 と同じ数値や文字を表示する）

・＝B3&B4&B5　　　　　　　（B3、B4、B5 のセルの数値や文字を**並べて表示**する）

・＝SUM(B3：B7)　　　　　　（B3〜B7 の範囲にある数値を**合計する**）

・＝AVERAGE(C3,C5,C7)　　（C3 と C5 と C7 の数値を**平均する**）

・＝COUNT（B3：B7)
　　　（B3〜B7 の範囲において、数値が含まれている**セルの個数を表示**する）

・＝COUNTBLANK(C3,C5,C7)

　　　（C3 と C5 と C7 のセルにおいて、**空白のセルの個数を表示**する）

NHK for School を活用しよう！

① NHK for School って？

NHK for School は、NHK が各教科の様々な学習内容をデジタル教材としてまとめた WEB サイトのことです。E テレでも放映されていますが、インターネット上で閲覧できます。理科のページの URL は以下の通りです。

https://www.nhk.or.jp/school/rika/

URL から飛ぶこともできますが、インターネットのブラウザで「NHK for School」と検索すれば見つかるでしょう。

ブラウザ上に出てきた「NHK for School」をクリックするとトップページが出てきますので「ばんぐみ一覧」をクリックします。

② さあ、見てみよう！

画面の中から学年と教科を選ぶと番組が表示されるので、画面の下の方へスクロールしながら見たい番組と見たい回を選択します。コンテンツがとても充実しているので、ICT 活用での多様な工夫が期待できます。

MetaMoji ClassRoom を活用しよう！

① MetaMoji ClassRoom っていったい何？

子ども達の学習状況をリアルタイムに把握できる学習支援アプリです。アプリ内で学級やグループごとにフォルダを作り、様々なプリント類を PDF として配布することが可能です。子ども達は各自の端末で、配布された PDF に書き込むこともできるので板書代わりとしても活用できます。

書き込んでいる様子

② 子ども達の画面を管理する

子ども達の画面を管理でき、端末の画面を見るときとそうでないときのメリハリが付く上に、それぞれの理解度を一目で把握することができます。

先生と子ども達が同じ PDF を開いている状態であれば、先生の端末で子ども達の画面を確認することができます。さらに、気になる子どもの画面をダブルタップすることで拡大でき、子ども達すべての画面で共有できます。

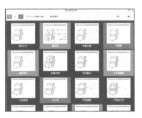

生徒の画面を管理する様子

③ MetaMoji ClassRoom を始めよう！

本アプリの詳細は公式サイト（https://product.metamoji.com/education/index.html）をご覧ください。なお、このアプリは有料です。

振り子の等時性と力学的エネルギー保存の法則

① 小学校と中学校での扱いの違い

小学校第5学年では、理科の見方・考え方の特に考え方（自然現象の調べ方）に着目し、条件制御という方法を学びます。その典型的な例の1つが、この振り子の運動なのです。

ところが中学校では、この振り子の等時性には触れず、力学的エネルギー保存の法則が成り立つ（可視化できる）好例として振り子の運動が登場します。振り子の等時性と力学的エネルギー保存の法則とはどのような関係にあるのでしょうか。

結論をいいますと、振り子の等時性も、また力学的エネルギー保存の法則もともに、「振り子の運動の規則性」の表れなのですが、より基本的な考え方は力学的エネルギー保存の法則にあります。この力学的エネルギー保存の法則を手掛かりに「振り子の等時性」を導いてみましょう。

② 振り子の等時性を導く

まず、振り子の運動を右図のように設定します。振り子Qは、振り子Pと同じ運動をしている、いわばPの運動を長さLに移した運動がQの運動だと考えてください。

振り子PとQの違いは、

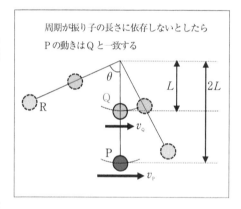

周期が振り子の長さに依存しないとしたら
Pの動きはQと一致する

> 振り子P：振り子の長さが2L
> 振り子Q：振り子の長さがL

ということです。ともに最下点にある状態で、このときの振り子Pと振り子Qの速さの関係を求めてみましょう。

2つの振り子は同じ周期で運動しています。この最下点付近では、図に表した速さ（v_Pやv_Q）で等速円運動していると考えても構いません。

角速度（一回りする時間で一周の角度（2π rad）を割った値）がともに等しく、それをω（オメガ）と表しますと、v_Qやv_Pは$v_Q = L\omega$, $v_P = 2L\omega$と書けます。両者の関係は

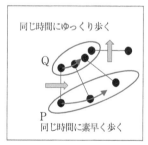

同じ時間にゆっくり歩く

同じ時間に素早く歩く

$$v_Q = \frac{1}{2}v_P \quad （QはPの半分の速さ）\cdots ①$$

Qの方がPよりも短い距離（円周）を同じ時間（周期）で運動しますので、①式はもっともな関係ですね。これは、隊列を組んで角を曲がって行進する様子をイメージするとよいでしょう。歩く距離の短い内側の子どもは、歩く距離の長い外側の子どもよりもゆっくり歩くことになります。

ここで、振り子の長さがLの振り子Qの実際の運動を調べてみましょう。力学的エネルギー保存の法則を用いて求めますと、PとQはともに同じ位置Rから放していますので、それぞれ次のように表すことができます。

$$\frac{1}{2}mv_Q'^2 = mg\,L(1-\cos\theta), \qquad \frac{1}{2}mv_P^2 = mg\,2L(1-\cos\theta) \cdots ②$$

　ここで、振り子 Q の最下点での実際の速さを v_Q' のように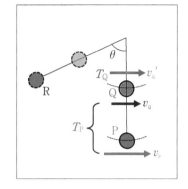
にダッシュを付けて表しました。そうすると、速さの関係
は②式より

$$v_Q' = \frac{1}{\sqrt{2}}\,v_P \quad \cdots ③$$

となります。これが、振り子 P と振り子 Q の関係です。

　①の関係は、周期が振り子の長さにも関係しないとした
ときの関係式です。一方③の式は、力学的エネルギー保存
の法則が成り立つとしたときの振り子 P と Q の関係式です。
この①式と③式を比べると、

$$v_Q = \frac{1}{\sqrt{2}}\,v_Q' \quad \cdots ④$$

から、<u>振り子 P と同じ運動をする Q は実際の Q の運動と比べて $\frac{1}{\sqrt{2}}$ 倍だけスローになっています。</u>
言い換えると、実際の Q の運動の周期を T_Q としたとき、振り子 P と同じ運動をする Q の周期
T_P は、運動がスローになった分だけ（すなわち $\sqrt{2}$ 倍だけ）、T_Q よりも時間が長くなることに
なります。

振り子P　　　　振り子の長さが2倍　　　　振り子Q
T_P　 ＝ 　$\sqrt{2}$ 　×　 T_Q
　　　　　　周期は $\sqrt{2}$ 倍

| 振り子の長さが $2L$ の周期 | 振り子の長さが L の周期 |

③　結論として

　振り子の長さが 2 倍になると、周期はその $\sqrt{2}$ 倍になるというおまけ付きで、小学校 5 学年で
登場する振り子の等時性：「振り子の周期は、振り子の長さだけに関係して、おもりの重さ、振
れ幅には関係しない」が導けることになるのです。振り子の等時性の背景には、②式という力学
的エネルギー保存の法則があったのです。

　高校物理では、振り子の振幅が非常に小さいと仮定して単振動（これはばねの運動です）とみ
なし、この振り子の長さ L と周期 T との関係 $T=2\pi\sqrt{\dfrac{L}{g}}$ を導きます。以上の考察ではこの式の
形までは分かりませんが、周期 T と振り子の長さ L の関係 $T \propto \sqrt{L}$ は分かります。

◈ 粒子領域の事例について ◈

1 ▶ 粒子領域の特性と ICT 活用が活きる場面

（1） 粒子領域の特性

　粒子領域の親学問は「化学」です。化学では、物質の構造・性質・反応を原子・分子レベルで理解するとともに、原子・分子を操作して、物質の変換や新物質の合成等を行います（日本学術会議、2019）。このことを踏まえて、小学校や中学校理科における粒子領域では、原子・分子の視点の導入、つまりは、様々な物質の成り立ちや振る舞いを原子や分子から理解しようとする「粒子概念」の形成を目的としています。

　学校段階で定性的、定量的という違いはあるものの、また基本的には目に見えない粒子ではあるものの、観察・実験によって生じた「現象」を通してその存在を実感し、自然現象を主に「質的・実体的な視点」で捉えようとする探究の仕方が粒子領域の特色といえます。このような粒子領域の特性を踏まえて、理科の資質・能力の育成につながるように ICT を活用することが大切です。

（2） 粒子領域において ICT 活用が活きる場面

　先述の通り、粒子領域では、粒子の振る舞いを推論するために、観察・実験によって「現象」を捉えることが大切になります。そのため、この「現象」を捉える場面が粒子領域における ICT の活用場面となります。

　実験や観察の対象が以下の場合には、一人一台端末を用いる学習が効果的に働くと考えられます。

> ① 瞬時に終わってしまうような現象　② 時間の要する現象　③ 微視的な現象
> ④ 巨視的な現象　　⑤ 可視化できない現象　　⑥ ３次元的な現象
> ⑦ 複雑なステップが絡むような現象　⑧ ステップ数の多い現象
> ⑨ 小中高の系統性に配慮したい現象　⑩ 最先端科学との接点を求めたい現象

　例えば、 事例5 で取り上げる中学校第３学年「化学変化とイオン」では、酸性やアルカリ性の水溶液に電圧をかけ、イオンの動きを目に見えるようにしています。つまり、イオンという微視的（③）で、可視化できない現象（⑤）を実験によって可視化し、それを質的・実体的に捉える道具として一人一台端末等を利活用するのです。また、電気泳動の実験は、時間を要する（②）ため、結果が目視では分かりにくいことがあります。そのようなときにも、動画で記録し早送り再生するなど、様々な機能を使用することで、細かな変化を見逃さずに観察することができます。この事例のようなパターンは、粒子領域の観察、実験で多く見られるため、汎用性の高い ICT 活用の提案となっています。

2 本書における粒子領域の事例

粒子領域では5つの事例を取り上げます。それぞれの事例について、「まず使ってみる」「初級編」「中級編」におけるICT活用と主な使用アプリを表1および表2にまとめました。それぞれの事例では、単元計画が示され、その中に、問題解決（探究）の過程の「どの場面」で、「どのようなICT活用」をするのかを位置づけました。また、粒子領域の特性を踏まえたICT活用による知識・技能の習得や問題解決の力（科学的に探究する力）の育成など、理科の資質・能力の育成につながる実践事例を本時の流れに即して紹介しています。明日の理科授業の参考になることを願っています。

表1　粒子領域の小学校事例一覧

	事例1 小3「物と重さ」 →p.48へ	事例2 小4「金属、水、空気と温度」 →p.53へ	事例3 小5「物の溶け方」 →p.59へ
まず使ってみる	動画の視聴	動画の記録	静止画・動画で記録 ＋書き込み
初級編	データ入力（表）	予想カードへの 書き込みと共有	考えの可視化 （シンキングツール）
中級編	データの共有	グラフ化と共有	動画の作成
主な使用アプリ等	スプレッドシート	ミライシード スプレッドシート	ロイロノート Keynote

表2　粒子領域の中学校事例一覧

	事例4 中1「身の回りの物質」 →p.65へ	事例5 中3「化学変化とイオン」 →p.72へ
まず使ってみる	動画の記録	静止画・動画で記録
初級編	描画（粒子モデル）	動画の記録
中級編	考えの共有	スライド作成と プレゼンテーション
主な使用アプリ等	ミライシード	Google スライド ミライシード Google Jamboard

気になった事例から見てみよう！

参考文献

1）日本学術会議　化学委員会　化学分野の参照基準検討分科会（2019）
「報告　大学教育の分野別質保証のための教育課程編成上の参照基準　化学分野」
https://www.scj.go.jp/ja/info/kohyo/pdf/kohyo-24-h190221.pdf

01

小学校第3学年 「物と重さ」

本実践のICT活用

まず使ってみる	「はかり」の使い方を動画で視聴しよう
初級編	実験の結果を表に入力してみよう
中級編	実験の結果をみんなで共有しよう

1 単元について

学習指導要領における本単元の位置づけは次の通りです。

物の性質について、形や体積に着目して、重さを比較しながら調べる活動を通して、次の事項を身に付けることができるよう指導する。

ア　次のことを理解するとともに、観察、実験などに関する技能を身に付けること。

　（ア）　物は、形が変わっても重さは変わらないこと。

　（イ）　物は、体積が同じでも重さは違うことがあること。

イ　物の形や体積と重さとの関係について追究する中で、差異点や共通点を基に、物の性質についての問題を見いだし、表現すること。

（文部科学省、p.95）

　児童が、物の形や体積に着目して、重さを比較しながら、物の性質を調べる活動を行います。このような活動を通して、物と重さについての理解を図り、観察、実験などに関する**基本的な技能**を身に付けます。また、主に差異点や共通点をもとに、**問題を見いだす力**や**主体的に問題解決しようとする態度**を育成することがねらいとなっています。

2 単元計画とICTの活用場面

　本単元の単元計画とICTの活用場面は次の通りです。次節以降、具体的なICTの活用の仕方について述べます。

〈単元計画と ICT の活用場面案〉

時数	学習内容
2	・物を見たり持ったりして、重さについて気づいたことを話し合う。 ・はかりを使って、身の回りの物の重さを調べる。
1	・種類が違う物の重さを比べながら調べる。
1	・形を変えたときの物の重さを比べながら調べる。
1	・ブロックを使い、色々な形を作り、重さを比べる。
1	・学んだことを活かそう。

まず使ってみる
検証計画の立案
↓
観察、実験
動画の視聴
ワンポイント活用

初級編
結果の処理
表
結果を整理する

中級編
結果の処理
↓
考察
共有
結果を共有する

まず使ってみる

活用場面	検証計画の立案 ↓ 観察、実験	ICT活用	動画の視聴　ワンポイント活用

 子ども達が ICT 機器に触れて慣れることから始めてみよう。まずは、一人ひとりが実験前に「はかり」の使い方を**動画で視聴する**場面を設定してみようかな…。

◆はかりの使い方を動画で視聴します。

　単元の導入では、はかりを使って身の回りの物の重さを調べます。

　その際、**実験前に「はかり」の使い方を動画で視聴し学習します**。ここで使用するはかりは、最小表示 1g のキッチンスケールが扱いやすくて便利です。

　ここでは、教師がはかりの使い方を演示して説明した自作動画を視聴させます。子ども達が使用しやすい素材を利用するとよいでしょう。理科の教科書会社で提供しているデジタル教科書等を活用するのも一案です。

キッチンスケール

YouTube に限定公開した動画

子ども達が、実験器具の使用方法についての動画を視聴する点は、一人一台端末の利点を活かせています。

繰り返し視聴して操作を確認できるので、基本的な技能の習得につながりますね。

粒子領域は実験が多く、得られた結果を整理し共有する場面が多くあります。そのような場面でもICTを用いると、子ども達の問題解決に効果的です。初級編、**中級編**で紹介します。

初級編 : 実験で得られたデータを表に入力しよう

活用場面	結果の処理	ICT活用	表	結果を整理する

◆実験で得られたデータを表に入力します。

　この授業では、「同じ体積のとき、物の種類が違うと、重さはどうなるだろうか？」という問題を設定し、アルミニウムや鉄、プラスチック、木など、同じ体積の物体の重さをはかりを使って調べます。

　実験によって得られた**結果を処理する場面**では、子ども達が表にデータを入力します。

同体積の物の重さを調べる実験

スプレッドシートに入力する児童

　ここでは、**Google のスプレッドシート**を用いて、**教師が事前に各班のデータ入力用の表を作成**しておきます（次頁の表を参照）。また、共有設定で、リンクを知っている全員が編集できる設定にします（Google スプレッドシートについては、→ p.145）。

スプレッドシートで作成した表の一部

もの	1ぱん	2はん	3はん	4はん	5はん
アルミニウム					
鉄					
プラスチック					
木					
	自分のはんのところに、けっかを入力しよう。				
	重さのたんいは g ですが、表には数字のみ入力しよう。				

初級編のポイント！

小学校3年生の子ども達なので、まずは表にデータを入力するところからスタート。

結果を整理するために表にすると、規則性などが発見しやすくなりますね。ICTを活用することで、紙ベースのアナログよりも結果の整理の時間短縮にもなります。

5 ▶ 中級編：実験の結果をみんなで共有しよう

活用場面	結果の処理 ↓ 考察	ICT活用	共有	結果を共有する

◆初級編の授業場面の続きとなります。ここでは、**結果を処理し考察する場面**で、ICTを活用します。

　共同編集の設定にしたので、1つのスプレッドシートに各班のデータが入力されています。そのため、**各自の端末から各班の結果を確認する**ことができます。

もの	1ぱん	2はん
アルミニウム	74	74
鉄	211	211
プラスチック	38	39
木	16	17

スプレッドシートにデータが入力された表の一部

　その際、子どもが誤ってデータを消してしまうことがないように、**編集権限を解除しておく**ようにしましょう。スプレッドシートならば、「編集者」ではなく「閲覧者」にチェックを入れれば設定完了です。

子ども達は自分の班の結果だけではなく、各班の結果も閲覧して考察することで、「同じ体積でも、物の種類が違うと、重さが異なる」という妥当な答えを導き出すことができます。

中級編のポイント！

　ICT の活用によって、効率的に結果を共有することができますね。そうすると、考察にたっぷりと時間をかけることができ、対話的な学びが促されます。

　各班の結果を共有して考察することを続けていくと、「多面的に考える」という理科の考え方も身に付いていきます。

２つの活用例の特色

・今回の初級編、中級編の活用は、**結果の整理 ⇒ 共有**という一連の流れの中に位置づけられています。

・初級編では、小学３年生ということも考慮し、これまで紙ベースであった作業を、**表として**デジタル化（データ入力）することを第１歩としました。表にすることで規則性を発見しやすくなります。

・中級編では、初級編の内容を踏まえて、表として整理された**各班の結果を共有**しています。各自が端末から表にアクセスし、複数のデータを参考にすることで**多面的に考え**ながら考察できます。

・なお、ここで紹介した ICT の活用は、実験しデータを取る授業ならば本単元に限らず同じように展開することができます。また、**Google スプレッドシート**のほかにも、例えば**Microsoft Excel** と **Teams** を組み合わせることで同様の実践も可能です。試してみてください。

事例 02 粒子領域

小学校第4学年「金属、水、空気と温度」

本事例のICT活用！

まず使ってみる　水が沸騰する様子の動画を撮影しよう
初級編　実験の予想を入力し共有しよう
中級編　グラフを自動で作成しよう

1 単元について

学習指導要領における本単元の位置づけは次の通りです。

金属、水及び空気の性質について、体積や状態の変化、熱の伝わり方に着目して、それらと温度の変化とを関係付けて調べる活動を通して、次の事項を身に付けることができるよう指導する。
ア　次のことを理解するとともに、観察、実験などに関する技能を身に付けること。
（中略）
（ウ）　水は、温度によって水蒸気や氷に変わること。また、水が氷になると体積が増えること。
イ　金属、水及び空気の性質について追究する中で、既習の内容や生活経験を基に、金属、水及び空気の温度を変化させたときの体積や状態の変化、熱の伝わり方について、根拠のある予想や仮説を発想し、表現すること。（文部科学省、pp.99より部分抜粋）

　児童が、体積や状態の変化、熱の伝わり方に着目して、それらと温度の変化とを関係付けて、金属、水及び空気の性質を調べる活動を行います。このような活動を通して、体積や状態の変化、熱の伝わり方についての理解を図り、観察、実験などに関する技能を身に付けます。また、主に既習の内容や生活経験をもとに、**根拠のある予想や仮説を発想する力や主体的に問題解決しようとする態度**を育成することがねらいとなっています。なお、本事例では、（ウ）の水の状態変化の内容に焦点を当てています。

2 単元計画とICTの活用場面

　本単元の単元計画とICTの活用場面は次の通りです。次節以降、具体的なICTの活用の仕方について述べます。

〈単元計画と ICT の活用場面案〉

時数	学習内容
1	・水を熱して、沸騰する様子を観察する。
1	・湯気を調べる。
1	・温度の変化と袋の様子の関係を調べる。
1	・水を熱し続けたときの温度変化を調べる。
1	・水を冷やし続けたときの温度変化を調べる。
1	・氷水を熱し続けたときの温度変化を調べる。

まず使ってみる
自然現象への気づき → 問題の設定　動画の撮影 REC　事実を捉える

初級編
仮説の設定　整理　共有　考えを共有する

中級編
結果の処理　グラフ化　共有　結果を整理する
考察

③ まず使ってみる

活用場面	自然現象への気づき → 問題の設定	ICT活用	動画の撮影 REC　事実を捉える

簡単な操作から習得していくことで、子ども達が ICT 機器の扱いに自信を持つことが大切だ。水が沸騰する様子を動画で撮影することから始めよう。

◆水が沸騰する様子の動画を撮影します。

　単元の導入では、水が沸騰する様子を観察して、気づいたことを話し合います。

　ここでは、**実験の様子を動画で撮影**しておきます。それによって、実験の様子を繰り返し視聴し観察することができます。また、交流場面では、**動画をある時点から再生したり、一時停止したりしながら話す**ことで、視覚情報を伴った意見交流ができます。

水が沸騰する様子を撮影している児童

　なお、このように火や水を使う実験では、あらかじめ、**ICT 機器を火に近付けないことや、水で濡らさないこと**を指導しておくことが大切です。

子どもが ICT 機器を自分で操作して「できた！」という**達成感**を得ることや、ICT 機器を使うことの利点を実感することが大切ですね。

　また、Chromebook では動画を撮影しながら静止画を撮影することができます。撮影した動画の共有方法も様々です。子どもの ICT 機器の操作技術の習得状況に合わせて、新しい機能を教えていきましょう。

④　初級編：実験の予想を入力し共有しよう

活用場面	仮説の設定	ICT活用	整理　 共有　 考えを共有する

◆実験の予想の場面で ICT を活用します。

　この授業では、「水を冷やし続けると、温度はどうなるだろうか？」という問題を設定し、食塩を加えた氷水を使って試験管内の水を冷やし、温度の変化を調べる実験を行います。

　実験の**結果を予想する場面**では、子ども達が**シートに予想の材料や理由付けなど**を整理して入力します。ここでは、ミライシードのムーブノートを使用しました。

　シートには、**根拠を明確にして述べることができる工夫**がされています。身近な生活経験や既習事項をもとに、科学的な根拠となる理由付けを添えて、結果の予想を導けるように支援しています。

　また、友達の予想を読んだり、シートを大型モニターに映し出して、みんなに説明したりすることもできます。

実験の様子

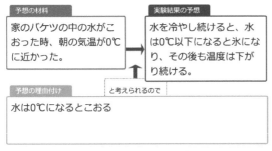

予想時の書き込み用シート

考えた予想を説明している児童

初級編のポイント！

> 予想を書き込んだシートを共有することで、人前で話すことが苦手な子どもも自分の考えをみんなに伝えることができますね。

> 実験の結果の予想は同じでも、子どもによって根拠が違うことがあります。たくさんの友達の考えを読むことで、多面的に考える姿勢を身に付けていきたいですね。

中級編：グラフを自動で作成しよう

活用場面	結果の処理 → 考察	ICT活用	グラフ化 共有 結果を整理する

◆結果を整理し考察する場面でICTを活用します。

　本時は単元末の**探究的な実験**となります。児童から「氷水の状態から火で温め続けると、水の温度と時間を表すグラフはどんな形になるか確かめたい」という意見がありました。

　そこで、実験を行い、データをスプレッドシートに入力して自動でグラフを作成しました。なお、授業前に教師が準備したことは次頁で紹介します。

スプレッドシートにデータを入力している児童　　　　　自動で作成したグラフ

　その際、シートのコピーを学級の人数分作って、番号を付けておき、自分の出席番号と同じ番号のシートを使用させます。そうすることで、全員がグラフの作成をすることができます。また、共有されたファイル上で友達のシートを開き、グラフを見ることができます。

子ども達は自分の班の結果だけではなく、各班の結果も閲覧して、共通点を探し出すことができます。どの班の結果も氷がすべて溶け切るまでの時間は温度の上昇が緩やかであることに、多くの児童が気づきました。

中級編のポイント！

ICTの活用によって、短時間でのグラフの作成と、効率的な結果の共有が可能になります。そうすることで考察の時間に余裕ができます。

ICTの活用単元の中で、手書きで紙にグラフを描く時間と、ICTを活用してグラフを作成する時間の両方を計画的に設定することで、グラフについての理解を深めるとともに、グラフ化のよさに気づくことができるでしょう。

● 準備　Google スプレッドシートでグラフを作成するために

授業の前に、Google のスプレッドシートでデータを入力する表を作成し、表のデータからグラフを自動で作成する設定を行います。以下にその手順を記します。

①　スプレッドシートを開き、時間と水の温度を入力する表を作成します。時間には0から最後に記録を取る時間までの数字を入れておきます。このとき、水の温度にも仮のデータを入力しておきます。

時間(分)	水の温度（℃）
0	9
1	11
2	9
3	9

②　①で作った表全体を選択し、「挿入」の「グラフ」をクリックします。

③　グラフエディタの「設定」中の「グラフの種類」から「折れ線グラフ」を選択します。

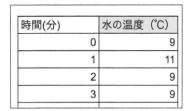

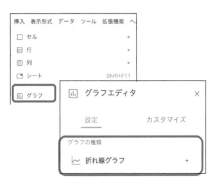

④　グラフエディタの「カスタマイズ」中の「縦軸」を開き、最小値と最大値を設定します(今回は0から100にしました)。同じように、横軸の最小値と最大値を設定します。横軸の最大値は、実験にかかった時間です。こうしておくことで、目盛りがデータに応じて自動で変更されるのを防ぎます。

⑤　グラフエディタの「カスタマイズ」中の「系列」から「ポイントのサイズ」を設定することでグラフの点が現れます。

⑥　①で仮入力した温度のデータを削除します。グラフには「データがありません」と表示されますが、温度のデータを入力すると、グラフが出現します。

⑦　画面下のシート1の▼ボタンから、「シートのコピー」をクリックし、学級の人数分シートを作成します。「名前を変更」から、各シートに子どもの名前や出席番号を入力してください。1枚は先生用にしておくとよいでしょう。これでスプレッドシートの準備は終了です。

※なお、シートの共有方法については、→p.145

6　2つの活用例の特色

・初級編では、**学習の深まり**に焦点を当てています。予想シートを共有し、友達の予想の根拠を読むことで、自分になかった新たな視点を得ることができます。繰り返し実践することで、生活経験や既習事項を根拠として予想や仮説を立てることができるようになります。

・中級編では、効率化が最大のポイントです。データ入力の操作に慣れれば、**実験とグラフ作成を同時進行で行うことも可能になります。**温度変化の様子をグラフで視覚的に確認し、温められる水の様子を観察することで、「関係付ける」という理科の考え方を促すことができます。

本事例のICT活用！

まず使ってみる	実験の結果を写真で記録しよう
初級編	自分の考えをアウトプットし、可視化しよう
中級編	知識を活用した創造と発信・提案をしよう

1 単元について

学習指導要領における本単元の位置づけは次の通りです。

> 　物の溶け方について、溶ける量や様子に着目して、水の温度や量などの条件を制御
> しながら調べる活動を通して、次の事項を身に付けることができるよう指導する。
> ア　次のことを理解するとともに、観察、実験などに関する技能を身に付けること。
> 　（ア）　物が水に溶けても、水と物とを合わせた重さは変わらないこと。
> 　（イ）　物が水に溶ける量には、限度があること。
> 　（ウ）　物が水に溶ける量は水の温度や量、溶ける物によって違うこと。また、この
> 　　　　性質を利用して、溶けている物を取り出すことができること。
> イ　物の溶け方について追究する中で、物の溶け方の規則性についての予想や仮説を
> 　　基に、解決の方法を発想し、表現すること。
>
> 　　　　　　　　　　　　　　　　　　　　　　　　　　　　　（文部科学省、p.102）

　この単元では、物が水に溶ける量や様子に着目して、水の量や温度などの**条件を制御**しながら、物の溶け方の規則性を調べる活動を通して、それらについての理解を図り、実験に関する技能を身に付けるとともに、主に予想や仮説をもとに、**解決の方法を発想する力**や**主体的に問題解決しようとする態度**を育成することがねらいとなっています。

2 単元計画とICTの活用場面

　本単元の単元計画とICTの活用場面は次の通りです。次節以降、具体的なICTの活用の仕方について述べます。

〈単元計画と ICT の活用場面案〉

時数	学習内容
4	・食塩などが水に溶ける様子を観察する。 ・水に溶けた物の重さはどうなるのか、溶かす前と後の重さを比べて調べる。
6	・物が水に溶ける量には限りがあるか調べる。 ・水に溶け残った物を溶かすためにはどうすればよいか考え、実験する。
4	・溶かした物を取り出すにはどうしたらよいか考え、実験する。(冷却・蒸発)
2	・本単元のパフォーマンス課題(まとめ)として、1分間動画を作成する。

まず使ってみる

活用場面	観察、実験	ICT活用

まず子ども達が、自分で何をすべきか把握し、学習できるようにしたい。自分の端末があるので、**実験の様子をカメラで撮影する**ところから始めよう。後で詳しく見返したり、実験を確認することもできるのでぜひやってみたい!

◆実験の結果を写真や動画で記録します。

　食塩やミョウバンなど、物が水に溶ける様子を ICT を活用してまとめていきます。

　ここでは、食塩のシュリーレン現象の様子を写真や動画で記録します。そして記録した静止画や動画を**ロイロノートで作成した結果シート**に貼ってまとめます。また、静止画だけでは分かりにくいところは、描画機能を使って絵や言葉でも表現することが可能です(ロイロノートについては、→ p.78)。

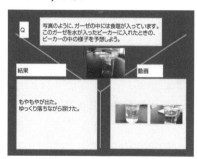

動画で結果シートを作成

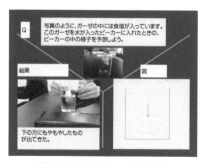

写真と描画で結果シートを作成

子ども達が自分で写真や動画を撮影し、実験結果をまとめていくことになるので、主体的に問題解決する態度につながりますね。また、いつでも、結果を端末で確認できるので、授業の復習になり、知識の定着にもなります。

　本事例では、対象が高学年ということもあり、結果の記録に加えて、描画機能も取り入れています。情報の整理につなげることもできます。
　初級編からは ICT 活用がどの場面で効果的なのか、事例とともに解説します。

4　初級編：自分の考えをアウトプットし、可視化しよう

活用場面	仮説の設定 → 検証計画の立案	ICT活用	整理	考えを表現する

◆子ども達が自分の考えをアウトプットする場面で ICT を活用します。

　この授業では、前時の食塩との比較でミョウバンが溶け残る結果から、溶け残りを溶かすにはどのような方法があるのか、検討します。今までの理科での学びや生活体験などからアイディアを出していきます。

　ここでは、**ロイロノートのシンキングツール**を使い、子ども達の思考を可視化します。今回は、ミョウバンの溶け残りを溶かす方法をクラゲチャートでまとめていきます。教師がクラゲチャートのカードを事前に準備することで、子ども達の端末にすぐに配付することができます。

　端末に自分の考えを書き出し、アウトプットすることで、今後の実験計画にもつながっていきます。端末を用いて、隣や同じグループの人と情報交換も可能です。

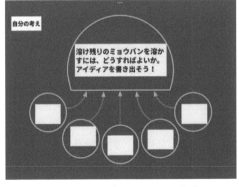

事前にシンキングツールでカード作成

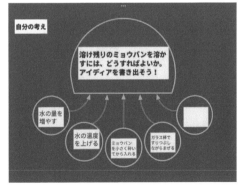

考えを書き出すことで思考を可視化

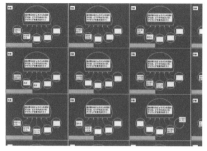
教師の端末で提出カードを確認

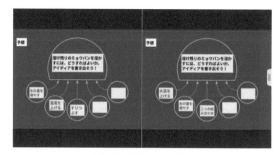
教師の端末で選び、映す

　また、子ども達が考えたカードを提出することで、教師は一人ひとりどのように考えたのかを端末ですぐに確認することができ、すぐにフィードバックが可能となります。また何人かの考えを選んで、大型ディスプレイに映すこともできます。

初級編のポイント！

> 　ICT の活用によって、溶け残りを溶かす方法について一人ひとりが思考することを支援しています。第 5 学年で大切にしている「解決の方法の発想」につながります。

> 　従来の授業では、一部の子ども達だけで授業が進んでいる場面がありました。しかし、ICT を活用することで、子ども達が自分事として学習に参加することにつながります。自分の考えのアウトプット（可視化）や、子ども同士の情報交換など、主体的な問題解決になるでしょう。

5　中級編：知識を活用した創造と発信・提案をしよう

活用場面	考察、推論 → 表現、伝達	ICT活用	共有	プレゼン	考えを表現する	考えを共有する

◆ここでは、**単元末のパフォーマンス課題**として、「物の溶け方」の学習を復習できる動画作成に取り組みます。

　子ども達はテーマを設定し、本単元で学習した知識や記録した画像・動画等を活用して、1分間の動画を作成します。今回は、Keynote やロイロノートなどを使って動画を作成します。次の頁にパフォーマンス課題の進め方の例を示します。

●本事例におけるパフォーマンス課題の進め方

（1）テーマを設定します。

この単元で学習した内容について、各グループ（3人1組）が以下の3つのテーマの中から1つ選び、みんなが復習できる動画を作成します。

　①　水に溶けた物の重さ　　②　物が水に溶ける量

　③　溶かした物を取り出すには

（2）動画作成に入る前に、相互評価基準をルーブリックで提示します。

（3）プロット図を用いて、各グループで担当・計画を決めます。

・動画作成のための役割を決める。

　例：脚本・スライド・タイムキーパー・
　　音声・演者・データの活用など。

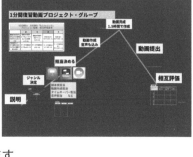

（4）動画作成し、相互評価します。

　①　テーマに関係する情報を集めます。

　②　集めた情報をもとに、スライドを作成します。

　③　画面収録で音声を入れます。

　④　スライドが完成したら、教師の提出箱に提出します。

　⑤　相互評価として、お互いの作品を見合って、評価とコメントを記入します。

　⑥　提出箱に相互評価のカードを提出し、その後、回答共有で共有します。

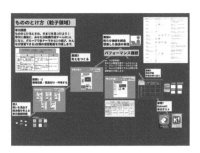

単元計画で課題を把握

ND学院小　5年理科　『物のとけ方』プロジェクト動画　相互評価基準				
	4	3	2	1
画面の内容がわかるように説明できていたかどうか	動画の内容がとてもよくわかるように説明していた	動画の内容があるていどわかった	内容があまりわからなかった	内容が全くわからなかった
実験結果のデータや資料がわかりやすい動画であったか	データや資料がとてもよかった	データや資料がよかった	データや資料がよくなかった	データや資料が全く分からなかった

パフォーマンス課題のルーブリック評価

教師の提出箱に提出された"1分間動画"

相互評価のカード

中級編のポイント！

単元末に知識の活用として創造と発信・提案を行う際にも ICT を活用することができます。共有や提出が容易なので、チームプロジェクトとして自分の考えを表現し共有し、**グループで練り上げる**ことができます。

知識を活用し動画を作成することで復習にもなり、また表現力向上にもつながります。さらに、**相互評価する**ことでフィードバックされ、次回の課題にも活かされます。

6 2つの活用例の特色

・初級編の活用は、**方法の立案の場面**で、シンキングツールを用いて、一人ひとりが端末上で**自分の考えを可視化**しました。このような ICT 活用によって、第5学年で重視している解決の方法を発想する力の育成につながります。

・事前にシンキングツールを入力できるカードを作成しておくことで、時短で子どもに配布できます。このような ICT 活用によって、理科で大切にしたい子ども達の実験する時間や思考する時間を確実に確保することにもつながります。

・中級編では、**知識の活用として創造と発信・提案をタブレット端末上で行う**ことができます。チームの中で作業を分担することで、自分の担当箇所を責任を持って調べるようになります。また、自分たちで情報を適切に集め、整理・比較し、そして発信や伝達する場となり、情報活用能力の育成にもつながります。

コラム ● まずは「やってみる」からスタート！

気に入った ICT の活用方法を見つけたら、**まずは「やってみる」**ことをおすすめします。「やってみる」ことで、初めて気づくことも数多くあります。少し慣れてきたら、自分流にアレンジして、**自分の新たな活用方法が生まれてくる**はずです。ICT の活用方法、まさに答えのない、**教師のワクワクな探究**であると思います。

子ども達と同様、教師も楽しみ、ワクワクしながら、まわりの先生とも共有し、時には真似て、ICT 活用の幅を広げていきたいですね。

粒子領域

04 中学校第1学年 「身の回りの物質」

本事例のICT活用！

まず使ってみる	状態変化（液体 ⇄ 気体）を撮影しよう
初級編	物質が水に溶ける現象をモデルで表現しよう
中級編	みんなで共有しながら、再結晶を解明しよう

1 単元について

学習指導要領における本単元の位置づけは次の通りです。

> 　身の回りの物質についての観察、実験などを通して、次の事項を身に付けることができるよう指導する。
> ア　身の回りの物質の性質や変化に着目しながら、次のことを理解するとともに、それらの観察、実験などに関する技能を身に付けること。
> 　　　　　　　　　　　　（中略）
> （イ）　水溶液
> 　　㋐　水溶液
> 　　　　水溶液から溶質を取り出す実験を行い、その結果を溶解度と関連付けて理解すること。
> （ウ）　状態変化
> 　　㋐　状態変化と熱
> 　　　　物質の状態変化についての観察、実験を行い、状態変化によって物質の体積は変化するが質量は変化しないことを見いだして理解すること。
> 　　㋑　物質の融点と沸点
> 　　　　物質は融点や沸点を境に状態が変化することを知るとともに、混合物を加熱する実験を行い、沸点の違いによって物質の分離ができることを見いだして理解すること。
> イ　身の回りの物質について、問題を見いだし見通しをもって観察、実験などを行い、物質の性質や状態変化における規則性を見いだして表現すること。
> 　　　　　　　　　　　（文部科学省、pp.79-80 より部分抜粋）

　生徒が、身の回りの物質の性質や変化に着目して、身の回りの物質についての観察、実験などを行います。このような活動を通して、物質の性質や溶解、状態変化についての理解を図り、観察、実験などに関する技能を身に付けます。また、身の回りの物質について、問題を見いだし見通しを持って観察、実験などを行い、その結果を分析して解釈し、**規則性を見いだして表現する力や主体的に問題解決しようとする態度**を育成することがねらいとなっています。なお、本事例では、（イ）水溶液、（ウ）状態変化の内容に焦点を当てています。

２　単元計画とICTの活用場面

本単元の単元計画とICTの活用場面は次の通りです。次節以降、具体的なICTの活用の仕方について紹介します。

学習指導案

〈単元計画とICTの活用場面案〉

時数	学習内容
5	〈色々な物質〉
4	〈気体の発生と性質〉
2	〈物質の状態変化〉 ・物質の状態変化について、観察、実験を行い、状態変化するときの体積と質量の変化を調べる。
1	・物質の状態変化を粒子モデルで表現する。
1	・物質の状態が変化するときの温度変化を調べる。
2	・沸点の違いを利用して、2種類の液体の混合物から物質を分離する。
1	〈水溶液〉 ・物質の水への溶解を粒子モデルで表現する。
3	・溶解度と再結晶の関係を調べる。また、再結晶をモデルで表現する。
1	・水溶液の濃度を調べる。

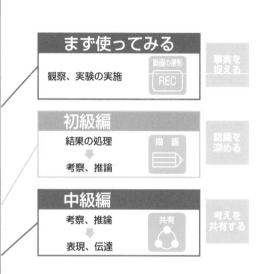

３　まず使ってみる

活用場面	観察、実験の実施	ICT活用	

まずは、カメラ機能を活用するところから始めてみよう。単元での学習内容を踏まえて行った観察、実験の様子を動画に撮り、考察に役立ててみよう。

◆状態変化（液体⇄気体）を撮影します。

この授業では、「液体から気体への状態変化を粒子のモデルで表すと、どのようになるのだろうか？」という問題を設定し、エタノールの状態変化（液体⇄気体）を動画で撮影します。

状態変化を撮影する生徒

ここでは、エタノールが状態変化（液体⇄気体）したときの袋の様子に着目することが大切です。袋が大きく膨らんだり、もとの大きさにしぼんだりした様子を動画（静止画でも可）で繰り返し確認することが、考察に役立ちます。

状態変化（エタノール）の様子

　子ども達が実験中に事実を捉えることが難しく、結果が曖昧なまま、考察が行われてしまうことがあります。この場合、端末のカメラ機能を使って実験の様子を撮影することで、繰り返し再生しながら、考えをまとめることができます。また、着目したところをクローズアップできます。

　粒子領域では、子ども達に粒子のモデルを用いて微視的に事物・現象を捉えさせることが大切です。そのような場面でもICTを用いると、子ども達の問題解決に効果的です。初級編、中級編で紹介します。

4 初級編：物質が水に溶ける現象をモデルで表現しよう

活用場面	結果の処理 ↓ 考察、推論	ICT活用	描画	認識を深める

◆ ICTを活用して粒子モデルを表現します。

　この授業では、「固体の物質が水に溶ける様子を粒子のモデルで表すと、どのようになるだろうか？」という問題を設定し、コーヒーシュガーが水に溶ける様子をICTを活用してモデルで表現します。

　ここでは、色やその広がりに着目して、粒子のモデルで考えます。「まず使ってみる」でも紹介したように撮影した静止画や動画を確認しながら考えると、効果的に考察することができます。

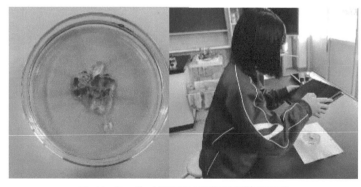

コーヒーシュガーが水に溶ける様子を撮影する生徒

粒子モデルで表現するために、Google スライドのシートを教師が事前に作成しておきます。作成したシートは、ミライシードのオクリンク機能を使って、生徒の端末に送ります。生徒は個人の端末で粒子の様子を表現します。その際、図形の機能を利用（図の挿入等）することもできます（ミライシードについては、→ p.79）。

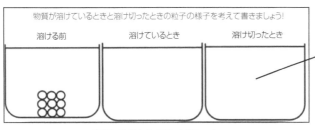

事前に準備したスライドシート

「溶ける前」の粒子の様子から、「溶けているとき」「溶けきったとき」の**粒子の様子**を個人で考え、グループで共有する。

初級編のポイント！

個人端末で作成した**粒子モデル**をもとに、グループで話し合います。その際、固体・液体・気体それぞれの粒子の様子（既習事項）を想起しながら考察することによって、認識をさらに深めることができます。

【個人で考察】

状態が変化しても、粒子の数や大きさは変わらないよね。

色が均一に広がっているから粒子も均一に広がるんじゃないかな。

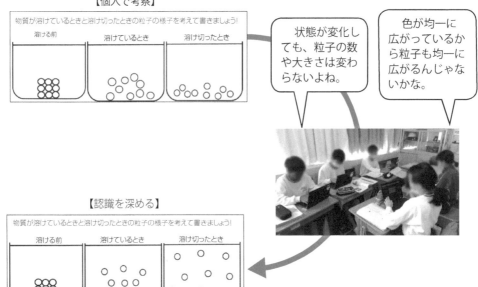

【認識を深める】

中級編：みんなで共有しながら、再結晶を解明しよう

活用場面	考察、推論 → 表現、伝達	ICT活用	共有	考えを共有する

◆ ICT を用いて、考えを共有します。

この授業では、「再結晶をモデルで表すと、どのようになるだろうか？」という**問題を設定**し、硝酸カリウムの水溶液中での様子と硝酸カリウムが結晶になったときの様子を**モデル**で考えます。ICT を活用してみんなで共有しながら、再結晶を解明します。

ここでは、状態変化（気体 ⇄ 液体 ⇄ 固体）を**粒子のモデル**で表現したこと（初級編）を振り返ったり、結晶の構造（規則正しい形）を確認したりすることが問題の解決につながります。

Google Jamboard を活用し、他のグループのシートに「よかったところ（イイネ！）」「本当にそうか疑問に思ったところ（ほんと？）」の付箋で意見を添えます。そして、他のグループの考え（付箋）を参考にして、グループの意見としてまとめていきます。

結晶の構造を確認する生徒

他のグループのシートを確認する生徒

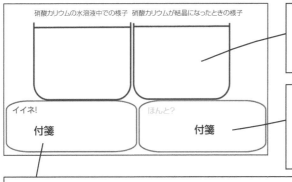

①硝酸カリウムの「水溶液中での様子」「結晶になったときの様子」をグループで考えます。

②各グループの①を見て、「イイネ！」や「ほんと？」に**付箋**を貼ります。貼られた付箋を参考にして、グループで**再考**します。

Google Jamboard には、「**付箋機能**」があります。以下の手順で「付箋機能」を活用することができます。
①画面のツールバーから「付箋アイコン」を選択します。
②入力画面がポップアップするので、ここに入力したい文字や文章を入力します。
③「保存」ボタンを押すと、ボード上に付箋が表示されます。

（Google Jamboard については、→ p.145）

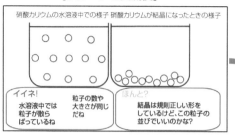

【グループで交流後】

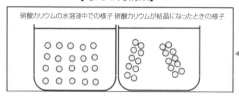

【考えの再構築】

「イイネ！」を見ると、粒子の数や大きさはよさそうだね。

結晶と同じように、粒子も規則正しく並んでいるんじゃないかな。

【再びグループで交流】

中級編のポイント！

ICT の活用によって、すべてのグループの考えをリアルタイムで共有することができます。また、「多面的に考える」などの理科の見方・考え方を自覚的に働かせるきっかけになり、深い学びにつなげることができます。

6 ２つの活用例の特色

・今回の初級編、中級編の活用は、一連の**探究の過程**の中に位置づけられています。

・初級編では、粒子領域ということも考慮し、ICT を活用して粒子のモデルを表しました。粒子を自由に動かしたり、数を変動させたりするなど実体的な見方を働かせることで、溶解における規則性を見いだしやすくなります。

・中級編では、初級編の内容を踏まえて、**粒子のモデル**で表現した再結晶についての考えをみんなで（グループをこえて）共有しています。複数の意見を参考にすることで、多面的に考えることができます。

・ここで紹介した ICT の活用によって、子どもが理科の見方・考え方を効果的に働かせて探究することにつながります。

コラム ● 自然に親しむためのツールとして

　理科の授業以外にも、日常生活で疑問に思ったことや感動したことを大切にできるといいですね。例えば、子どもが自由に地域の自然風景等を撮影して、記録しておく場所を作っておきます。

　植物の葉は緑色だと思っていたけど、家の近くに赤色や白色の葉を持つ植物を見つけたよ。なぜ、赤色や白色をしているのかなあ？

赤色や白色の葉を持つ植物

　Chromebook の場合、教師は Google Classroom のストリームに Jamboard のフレームを貼り付けます。

　子ども達はそのフレームに写真（静止画）を添え、気づいたことを次々と書き込んでいきます。

（Google Classroom については、→ p. 144）

　子どもが書き込んだことを、朝の会や帰りの会、理科の授業等で取り上げて、子どもの興味・関心を広げるきっかけにしましょう。

　このような機会（上記例は生命領域）を増やすことで、自然に親しむ子どもが増えるとともに、感動を共有する場を作り出すことが期待できます。ICT の活用を一層進めることで、理科の資質・能力の育成につながっていくと考えます。

中学校第3学年 「化学変化とイオン」

まず使ってみる	実験の結果を写真や動画で記録しよう
初級編	実験動画を撮影し、結果を正しく観察しよう
中級編	スライドを作って探究したことを発表しよう

1 単元について

学習指導要領における本単元の位置づけは次の通りです。

化学変化についての観察、実験などを通して、次の事項を身に付けることができるよう指導する。
ア　化学変化をイオンのモデルと関連付けながら、次のことを理解するとともに、それらの観察、実験などに関する技能を身に付けること。
（ア）　水溶液とイオン

（中略）

　　㋑　酸・アルカリ
　　　　酸とアルカリの性質を調べる実験を行い、酸とアルカリのそれぞれの特性が水素イオンと水酸化物イオンによることを知ること。
　　㋒　中和と塩
　　　　中和反応の実験を行い、酸とアルカリを混ぜると水と塩が生成することを理解すること。
イ　化学変化について、見通しをもって観察、実験などを行い、イオンと関連付けてその結果を分析して解釈し、化学変化における規則性や関係性を見いだして表現すること。また、探究の過程を振り返ること。　　　　　　　　　（文部科学省、pp.83-84 より部分抜粋）

　この単元では、様々な水溶液に適切な電圧をかけ、①水溶液の電気伝導性や電極に生成する物質を調べる観察・実験、②酸とアルカリの性質を調べる観察・実験、および③中和反応の観察・実験、を行います。その結果を分析して解釈し、イオンの存在やその生成が原子の成り立ちに関係することを理解させるとともに、酸とアルカリの特性や中和反応をイオンのモデルと関連付けて理解させることが主なねらいとなっています。なお本事例では、（ア）水溶液とイオンにおける㋑酸・アルカリ、㋒中和と塩の内容に焦点を当てています。

2 単元計画とICTの活用場面

　本単元の単元計画とICTの活用場面は次の通りです。次節以降、具体的なICTの活用の仕方について述べます。

〈単元計画と ICT の活用場面案〉

時数	学習内容
1	・酸性とアルカリ性の水溶液の性質の違いを理解するために、様々な水溶液を用いて、リトマス紙、フェノールフタレイン液や BTB 溶液、マグネシウムリボンとの反応等を調べる。
2	・酸とアルカリの正体について、塩酸と水酸化ナトリウム水溶液を用いて電気泳動の実験を行う。
1	・酸性とアルカリ性の強さについて pH 試験紙等を用いて理解を深める。
3	・中和について、酸性の水溶液とアルカリ性の水溶液を混ぜる実験を行う。

まず使ってみる
観察、実験 | 動画の撮影 REC | 静止画 | 結果を記録する

初級編
観察、実験 → 結果の処理 動画の撮影 REC → 考察 | 事象を記録する

中級編
考察、推論 共有 プレゼン → 表現、伝達 | 考えを表現する / 考えを共有する

③ まず使ってみる

| 活用場面 | 観察、実験 | ICT活用 | 動画の撮影 REC | 静止画 | 結果を記録する |

まず子ども達が ICT 機器に触ることが大事かな。実験の結果を写真や動画で記録させよう。考察では写真や動画を見ながら結果の整理を行わせることで、複雑な実験結果でも子ども達に正確に理解させたいなぁ。

◆実験の結果を写真や動画で記録します。

　ここでは色々な水溶液を用意して、酸性・中性・アルカリ性の水溶液の性質を調べます。調べることが多く結果が煩雑になりやすいため、写真や動画で記録を取り、それらをもとに結果をまとめます。こうすることで、正確かつ容易になり、スムーズに考察場面へ移行できます。

　フェノールフタレイン液や BTB 溶液の変化の結果やリトマス紙の変化の結果を写真で記録したり、マグネシウムリボンを入れたときの変化の様子に着目して（質的・実体的な視点）、動画で撮影したりします。それらの写真や動画を見ながら結果をまとめていきます。そうすることで**多くの実験結果についてより正確にまとめていく**ことができます。

BTB 溶液の色の変化について写真で記録をとる生徒

事例 5　中学校第 3 学年「化学変化とイオン」　73

子ども達が自分で写真や動画を撮影することで、**結果を再確認しながら実験を進める**ことができます。
　　また、教室に戻ってからも写真を見ながら結果をまとめることができるので、複雑な実験でも結果の整理が容易になりますね。

　　一人一台端末を使うことで、子ども達が実験を**自分事**として捉え、主体的に取り組むことが期待できます。
　　初級編でも結果の記録を扱いますが、どういう実験のとき ICT 活用が**効果的**なのか、事例とともに解説します。

④ 初級編：実験動画を撮影し、結果を正しく観察しよう

活用場面	観察、実験 → 結果の処理 → 考察	ICT活用	動画の撮影 REC	事象を記録する

◆結果を正しく捉えるために、実験の様子を動画で記録します。

　この授業では、電気泳動の実験について動画撮影を行います。酸性の水溶液、アルカリ性の水溶液に電圧をかけ、イオンの動きから酸性・アルカリ性を示す正体を見いだすことを目標にしています。

　電気泳動の実験では、目視のみで行った場合、結果が非常に分かりづらく、イオンの動きをイメージすることは容易ではありません。

　そこで実験を行う際に、定点で動画の撮影を行います。実験後、動画を早送りして視聴したり、**実験開始直後と実験終了後の結果を比較**したりすることでイオンの動きをはっきりと確認することができます。

実験の動画を早送りしながら確認する生徒

実験開始直後と終了後の違いを比べている生徒

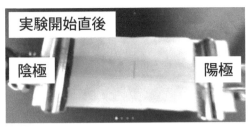
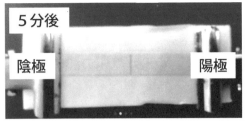

実験開始直後と5分後の写真の比較

　また、動画でなくても、実験開始直後、5分後、10分後と時間差で写真を撮影して比較したり、タイムラプス撮影を利用したりすることでも電気泳動の様子が確認できます。

初級編のポイント！

　「時間がかかる」実験の結果を時間を短縮して繰り返し確認することができます。
　また、「結果が目視では分かりづらい」実験を動画や写真で記録しておけば、早送り再生や、実験前後の写真を比較することで細かな変化を見逃さずに観察することができますね。

　この活用は電気泳動の実験に限らず、色々な場面で応用が利きます。扱う実験の特徴を踏まえてICTを活用することで、子どもがしっかりと事象を捉え、質的・実体的な見方を働かせるための支援をしていきましょう。

⑤ 中級編：スライドを作って探究したことを発表しよう

| 活用場面 | 考察、推論
↓
表現、伝達 | ICT活用 | 共有 | プレゼン | 考えを表現する | 考えを共有する |

◆単元末の**探究活動**で、ICTを活用します。

　ここでは、事前に設定した単元を貫く課題や、日常生活に関わる単元の内容についてテーマを設定し、探究活動を行います。その結果を個人や小グループで発表する際にICT機器でスライドを作り、発表の補助資料とします。今回はミライシードのオクリンクを使用しています。次のページに探究活動の授業の一例を示します（ミライシードについては、→ p.79）。

●本事例における探究活動の進め方（例）

（1）　テーマを設定します。

　この単元で学習した内容を参考に、身近な**環境問題**について調べ、その解決策や改善策を1つ提案してみよう。

　　例：① 　海洋酸性化　　②　　コンクリートの中性化による「ひび割れ」

　　　　③ 　土壌の酸性化　　④　　酸性雨

（2）　探究活動に入る前に、条件を提示します。

　　例：・スライド10枚程度にする。

　　　　・2〜3分で発表できる原稿を作る。

　　　　・グループのメンバー全員が発表できるようにする。

　　　　・学んだ内容と、日常生活の中にある問題とのつながりが分かるようにする。

　　　　・図や写真、化学式等を使う。

　　　　・授業の実験・観察で撮影した画像などを用いてもよいこととする。

（3）　探究します。

　①　テーマに関係する情報を集める。

　②　集めた情報をもとにミライシードのオクリンク機能を使ってカードを作成し、1台のタブレットに送信して集約する。

　③　送られてきたカードをつないで、順番を整理し、プレゼン用のスライドと発表原稿を作る。

　④　スライドが完成したら、教師の提出ボックスに提出する。

　⑤　自分たちの班が作成したスライドを使って発表する。

情報を集める生徒

生徒がオクリンクで作成したスライド

教師の提出ボックスに提出されたスライド

作成したスライドをもとに発表する生徒

中級編のポイント！

> 単元の最後に探究活動を行う際にも ICT を活用することができます。共有や提出が容易なので、個々で探究しながら随時、自分の考えを表現し共有することができます。

> ミライシードのオクリンク機能を使う場合、生徒が分担して探究を進め、最後にカードを共有し、つなぎ合わせるだけでスライドが完成します。このような ICT 機能を活用した取り組みが生徒の表現力の育成にもつながります。

6 ▶ 2つの活用例の特色

・初級編の活用法では、「**時間がかかる**」実験を繰り返し確認したり、「**結果が目視では分かりづらい**」実験の結果を視覚的に確認したりすることができます。記録を残しておくことができるので実験後に教室や自宅で何度でも確認することができます。この活用法は、「**時間がかかる**」実験や「**結果が目視では分かりづらい**」実験であれば、様々な実験において利用できます。また、次時に復習を行う場合も写真や動画で確認できるため、短い時間で効果の高い復習ができます。これらで生まれた時間を**子どもが思考する時間や子ども同士の対話**に充てることで、資質・能力がより育成されると考えられます。

・中級編では、個々での探究活動・小グループでの共同作業をタブレット端末上で行うことができます。作業を分担することで自分の担当箇所を責任を持って調べるようになります。自分の作成したカードがスライドの一部になるので達成感も得られます。カードの順序を入れ替えることでスライドの見せ方が変わるため、小グループで**話し合い**ながら聞く人を意識したスライドの作成が行われることでしょう。

コラム ● 教師が子どもから学ぶ

ICT 機器を活用していく中で、子どもの様子から新たな支援として使える活用法（質的・実体的な視点）がひらめいたり、子ども達から「こんなカードを作ってほしい！」「こんなICTの使い方をしたい！」などアイディアを教えてもらったりすることがあります。

教師も子ども達と対話をしながら、時には子ども達に教わりながら**自分のICT活用能力や授業力を高めていく**ことができるとよいですね。

ロイロノートの機能を知ろう！

　粒子領域の事例3では、ロイロノート・スクール（以下、ロイロノート）が使用されています。ロイロノートは、ソフトウェア会社のLoiLoが提供するクラウド型授業支援アプリです。ここでは、ロイロノートでできることの一部を簡単に紹介します。

①　自分の考えや情報をまとめた「カード」を作成し発表できる

　ロイロノートでは、テキストや手書き文字、写真、動画など様々な情報を「カード」として作成し、短時間で容易に発表資料を作ることができます。作成したカードを指でなぞって矢印でつなぐことで見せる順番を決めることができるなど、操作が直感的で使いやすく、児童生徒がどういう順番で発表するとうまく相手に伝わるかを考えながら作業を進められます。また、カードは端末間で共有でき、自分の考えを発表したり、友達のカードと比較したりすることで、双方向の学びの実現につながります。

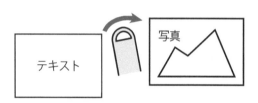

②　自分の思考を可視化する「シンキングツール」を活用できる

　自分の考えを広げたり深めたりしたいときには、思考を可視化できる「シンキングツール」を使うとよいでしょう。アイディアの拡散、収束、創造など、授業の目的に応じて、ベン図やウェビング、クラゲチャートなどのシンキングツールを選択し使い分けます。例えば、問題の見いだしの場面では、差異点や共通点に着目できるように、ベン図を用いて気づいたことなどをカードに記入して整理するとよいでしょう。

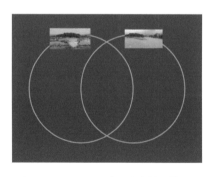

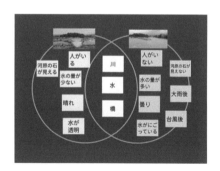

ロイロノートにはその他にも多様な機能があります。
詳しく知りたい方は、公式サイトにアクセスするとよいでしょう。https://n.loilo.tv/ja/

ミライシードの機能を知ろう！

　粒子領域の事例2、4、5ではミライシードが使用されています。ミライシードはベネッセコーポレーションが提供する、協働学習・一斉学習・個別学習のそれぞれの学習場面に対応したタブレット学習用オールインワンソフトです。「ムーブノート」や「オクリンク」、「ドリルパーク」など、様々なアプリケーションで構成されています。ここでは、本書の事例で使用された協働学習支援ツール「ムーブノート」と授業支援ツール「オクリンク」を紹介します。

①　ムーブノート

　個人の意見を全体で共有したいときには、「ムーブノート」を活用します。

　事前準備として、教師は授業展開に合わせた入力用のワークシートを作成し配信します。生徒は、端末に配信されたワークシートに自分の考えをまとめます。そして、「オクルボタン」から「みんなの広場」に送ると、瞬時にクラス全体に共有されます（右図）。「拍手」ボタンなど

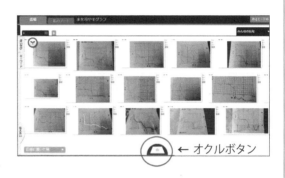

相互評価も可能です。このように一人ひとりが意見を持って参加したり、共有機能により多面的に考えたりする学びを促したいときに使用するとよいでしょう。

②　オクリンク

　子ども一人ひとりが考えやアイディアを表現する場面では、「オクリンク」が効果的です。

　「カード」と呼ばれる自分の考えを入力する画面に、自分に合った方法で表現することを支援します。ペイントやテキスト以外にも、インターネットから情報を取り出したり、カメラで撮影したりと、様々な方法で表現することができます（下左図）。また、作成したカード同士をつなげたり、並べ替えたりできるので、考えを順序立てて整理することができます（下右図）。また、「START」ボタンを押すことで、スライドショーが開始され、発表する際に有効です。カードは、「オクルボタン」にドラッグ＆ドロップすれば、教師や友達と共有することも可能です。

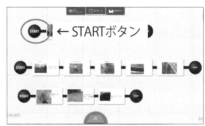

ミライシードにはその他にも多様な機能があります。詳しく知りたい方は、公式の「ミライシード ファンサイト」にアクセスするとよいでしょう。
https://miraiseedfansite.benesse.ne.jp/index.html

◆生命領域の事例について◆

1 生命領域で ICT 活用が活きる場面

　生命領域は地球領域と同様に、学習するエリアが幅広いため児童生徒の体験場所もまた必然的に広くなります。理科は小学校第3学年から始まりますが、その最初の単元の多くが生命領域からで、実際にフィールドに出て、そのときの気温を体感しながら、植物や動物を探し、観察し、記録するという体験を伴った学習活動です。生命領域では、生物を採集して教室に持ち込み、ルーペや双眼実体顕微鏡、顕微鏡等でより詳しく観察するとき、または観察した記録や別の生物や個体と比較しようとするとき、タブレットの利用が考えられます。では、生命領域で ICT の有効活用、特にタブレットの導入が活きる（授業を活性化させる）場面とはどのようなものなのでしょうか。

　実験や観察に着目したとき、特にその実験や観察の対象が

> ① 瞬時に終わってしまうような現象　② 時間の要する現象　③ 微視的な現象
> ④ 巨視的な現象　⑤ 可視化できない現象　⑥ 3次元的な現象
> ⑦ 複雑なステップが絡むような現象　⑧ ステップ数の多い現象
> ⑨ 小中高の系統性に配慮したい現象　⑩ 最先端科学との接点を求めたい現象

のような場合にはタブレットを用いることで、児童や生徒にとってより身近に存在する生物の自然の姿をより的確にいきいきと捉えることができます。ちなみに、事例2 で取り上げる小学校第6学年の「植物のからだとはたらき」では、植物が水を葉に送るプロセスを目で見えるようにしています。この事例の場合は**時間を要する現象**（②）であるため、時間を区切って観察し、時間毎の植物の様子を比較する道具としてタブレットを用いています。さらに2次元で捉えるために、植物体を切片にして観察する、いわゆる**微視的な現象**（③）をタブレットという道具を通して記録し、植物が水を吸い上げる全体像を想像させています。**可視化できない**（⑤）、**あるいは可視化しにくい現象**を ICT 機器を通して理解を促す授業展開もまた、生命領域ならではの活用の仕方ではないでしょうか。

2 事例の紹介

　生命領域は生物の内容が中心です。そこで、小・中学校の学習内容で使用頻度が高い光学レンズ（ルーペや双眼実体顕微鏡、顕微鏡）を使用した際の ICT 機器の活用方法を中心にした事例、および統計を用いた内容を ICT のアプリで実践した事例を紹介します。

> 【小学校】　2つの事例
> 事例1 （小学校5年）動物の誕生
> 事例2 （小学校6年）植物のからだ
> 　　　　　　　　　　とはたらき
>
> 【中学校】　3つの事例
> 事例3 （中学校1年）生物の観察と分類の仕方
> 事例4 （中学校2年）生物をつくる細胞
> 事例5 （中学校3年）遺伝の規則性と遺伝子

事例1　動物の誕生：メダカを飼育することによって、交尾→受精→産卵→孵化を経て生命の誕生に立ち会うことができます。生命の誕生は児童にとって感動の瞬間です。受精卵がどのような変化をするのか、タブレットを通して予想していきます。児童が何か卵の変化を感じたとき、タブレットに記録していくことで児童自身の予想や仮説と結果（事実）の違いを考察できます。

事例2　植物のからだとはたらき：　高学年の児童の主体的な学習として、データを自分自身で収集し、多面的に調べた結果を考察することがあげられます。その際、Google Jamboard を利用するとグループ分けが簡単にできるようになります。この事例では身近で入手しやすい野菜を用いて、水が下方から吸い上げられていくときの葉や茎の部分の変化を、断続的にタブレットで撮影したり、得られた結果をグループ分けしたりします。時間とともに変化する様子を保存することで、児童の考えを整理しやすいように支援していきます。

事例3　生物の観察と分類の仕方：　中学校でも生物の観察が、生命領域にとっての基本的な操作であることに変わりはありません。そこで、身近にいる生物にまず触れ、タブレットで撮影し保存する際、環境との関わりや生物同士の共通点や差異点を視点とした記録をもとに生物カード作りに挑戦するなど、徐々にグレードアップさせていきます。さらに友達と協働しながらも、それぞれの生徒の視点で分類の仕方について考えていきます。生徒と生徒、生徒と事物をタブレットがつないでいきます。

事例4　生物をつくる細胞：　顕微鏡の操作については小学校第5学年で学習しますが、その復習として、まず器具の取り扱い等の説明にタブレットを使用します。ここでは説明を簡略化し、実際の微生物の観察に十分な時間を確保することで、その後の比較や議論がスムーズに進むだけでなく、教師は生徒の支援に集中できます。Google Forms を使って問題作成を行い、知識の定着を図ることもできます。

事例5　遺伝の規則性と遺伝子：生物の学習には、統計的な処理を加えることによって理解が進む内容があります。ここではメンデルの遺伝の規則性を理解するために、2つのモデル実験を行い、その数値処理をアプリを活用して行わせます。2つのモデル実験の実際のデータを比較したり、足し合わせたりしながら考察するのに ICT が役立ちます。

3　事例の見方・活かし方

　生命領域では五感を通した体験活動や観察・実験を保障しつつ、その記録の取り方や理解の仕方について ICT を活用してみました。

　まず使ってみるでは静止画の撮影や有力な情報からのインポート（取り込み方）を中心に、授業の中での使い方について述べています。

　初級編では、ICT 機器を使用しているうちに、「私にもできるかも」と思ってもらえるような事例を、そして、中級編では、「こんなこともできるんだ」、「児童生徒の活動がこんなにも活性化するんだ」とさらに工夫が広がる事例を示しています。

　コラムやトピックスでは、他の ICT 機器の発展的な使い方や手軽にダウンロードできるサイトを紹介しています。読者自身の授業づくりの参考にしてください。

事例 **01** 生命領域

小学校第5学年 「動物の誕生」

> **本事例のICT活用！**
>
> まず使ってみる ： メダカの動画を見よう
> 初級編 ： メダカの成長を並びかえよう
> 中級編 ： 観察からどの過程か当てはめよう

1 単元について

学習指導要領における本単元の位置づけは次の通りです。

> 　動物の発生や成長について、魚を育てたり人の発生についての資料を活用したりする中で、卵や胎児の様子に着目して、時間の経過と関係付けて調べる活動を通して、次の事項を身に付けることができるよう指導する。
> ア　次のことを理解するとともに、観察、実験などに関する技能を身に付けること。
> 　（ア）　魚には雌雄があり、生まれた卵は日がたつにつれて中の様子が変化してかえること。（中略）
> イ　動物の発生や成長について追究する中で、動物の発生や成長の様子と経過についての予想や仮説を基に、解決の方法を発想し、表現すること。
>
> （文部科学省、pp. 103-104）

　児童が、魚を育てたり人の発生についての資料を活用したりする中で、卵や胎児の様子に着目して学習していきます。**ICT**を活用しながら、顕微鏡を使う際に静止画を撮影したり、動画を撮影したりして、**時間の経過と関係付け**ながら、動物の発生や成長を調べていきます。この活動を通して、魚や人の発生について理解を図り、観察、実験などに関する技能を身に付けさせたい単元です。また、**動物の発生や成長の様子の経過についての解決方法を発想する力**や、**生命を尊重する態度、主体的に問題解決しようとする態度を育成する**こともねらいとなっています。

2 単元計画とICTの活用場面

　本時の展開とICTの活用場面は次の通りです。次節以降、具体的なICTの活用の仕方について述べます。

学習指導案 ||||||||||||||||||||||||||||||||||||||||||||||||||||||

〈単元計画と ICT の活用場面案〉

時数	学習内容
2	・メダカは雄と雌ではどのような違いがあるのか調べる。【知識及び技能】
3	・メダカの卵はどのように育っていくのか調べる。【思考力・判断力】

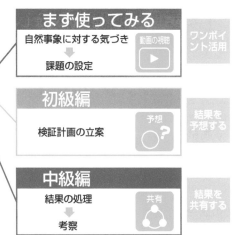

まず使ってみる
自然事象に対する気づき
↓
課題の設定
動画の視聴 ▶ | ワンポイント活用

初級編
検証計画の立案
予想 ? | 結果を予想する

中級編
結果の処理
↓
考察
共有 | 結果を共有する

---

3 まず使ってみる

| 活用場面 | 自然事象に対する気づき
↓
課題の設定 | ICT活用 | 動画の視聴 ▶ | ワンポイント活用 |

 子ども達が ICT 機器に慣れるために、まずは、メダカの動画を視聴する場面を設定してみよう。

◆メダカの動画を NHK for School や DVD 教材を使って視聴します。

　単元導入に、NHK for School などからメダカの動画を視聴します。メダカの飼育経験がない児童がいます。メダカが泳いでいる姿を様々な角度から見る経験が必要です。

　一人一台端末での動画視聴ならば、何度も見直すことができます。

　視聴後、トレーシングペーパーを使って、図１のように教科書のメダカを**写す活動**をします。

　写す活動は児童が大好きな活動の１つです。写し始めると教室中がシーンとなります。状況に応じて、色鉛筆などで色をつけるように指示するとよいでしょう。

　写した後、**再び動画を視聴する**と、**動画のメダカの雄と雌の形態の違い**に目が行くようになります。雄雌の判定ができるようになったら、**実際のメダカ**での性別判定に挑戦させるのもよいでしょう。

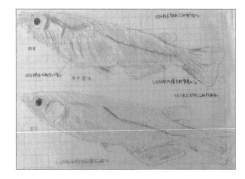

図１　教科書をトレーシングペーパーで写したメダカ

生物領域は観察が基本です。ICT による記録と
ノートやワークシートへの記録のバランスを考え
ながら、上手に活用していきましょう。

4 初級編：メダカの成長の様子を予想する

活用 場面	検証計画の立案	ICT 活用	

◆メダカの成長を予想する場面で ICT を活用します。

① Google Jamboard を使って、メダカの成長の様子を予想します。
次の URL か右の QR コードにアクセスすると、Google Jamboard
（→ p.145 参照）のコピーを Google ドライブに保存できます。

メダカ予想の QR コード

② Google Classroom （→ p.144 参照）にリンク先を貼り付け、児童
の端末でリンク先にいくことで児童は自分の端末で作業ができます。コンテンツは下のよ
うになります。

③ 端末上でイラストを移動させ、成長の順番予想をします。教科書を見て確認することも
可能です。

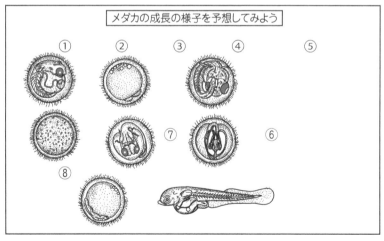

Google Jamboard を使ったメダカの成長の様子（並べる前）

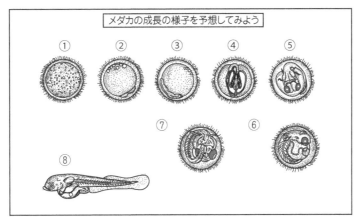

メダカの成長の様子を予想してみよう

① ② ③ ④ ⑤

⑦ ⑥

⑧

Google Jamboard を使ったメダカの成長の様子（**並べた後**）

初級編のポイント！

予想をもとにした並びかえが自由にできます。簡単なところから、ICT を活用してみましょう。

---

5 中級編：観察の結果をみんなで共有しよう

活用場面	結果の処理 → 考察	ICT活用	共有	結果を共有する

◆メダカ観察の結果を共有する場面で ICT を活用します。

実際にメダカの卵を観察します。色々な時期のメダカの卵を用意しておきます。児童は、**写真撮影**し、初級編で使用した Google Jamboard に**画像を追加**していきます。

授業で色々な時期のメダカが一度に用意できない場合は、**授業時以外にも自由に写真撮影ができる**ように、教室に観察用スペースを準備しておくとよいです。児童が各自で撮影して Google Jamboard に画像を追加できるようにします。

水温などによりますが、約 25℃ で 10 日前後で孵化することが多いです。

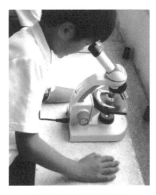

メダカを観察している様子

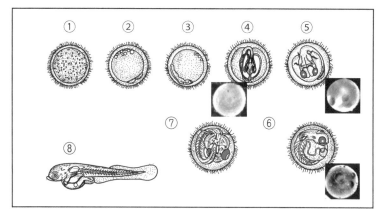

Google Jamboard に実際の画像を追加した様子

　画像は自由に大きさを変えることができます。色々な卵の実際の画像があったほうがよいです。多くの情報があるほうが結果を整理しやすいです。

中級編のポイント！

> 一人一台端末を使って、植物の発芽、成長や動物の誕生の観察記録をとることにより、児童一人ひとりが自分のデータを所持し、より主体的に学習に取り組むことができます。

6　２つの活用例の特色

・今回の初級編、中級編の活用は、**検証計画の立案 → 結果の整理**という一連の流れの中に位置づけられています。

　児童の活動は、それぞれ

　　①　【**まず使ってみる**】動画の視聴から課題把握

　　②　【初級編】予想や仮説の明確化

　　③　【中級編】観察記録を整理し、考察する活動

となります。これらは一連の作業です。

・初級編では、児童自身で並べ替えを行うことができるため、**自分で予想**しながら、**何度も並べ直す**ことが可能になります。ICT の活用によって学習は効率化し、じっくり時間をかけて予想や仮説を考えさせることができます。

・中級編では児童自身の予想と実際の結果を比較し、**考察を加える**ことができます。

・生物の観察では、時間とともに発生や成長が進んでいきますので、それぞれの発生や成長に応じて**数多くの画像記録を残しておく**とよいでしょう。

コラム ● 顕微鏡写真をもっと自由に撮りたいときは

　端末を用いた静止画像の撮影に慣れてきたら、もっと拡大して観察したくなります。双眼実体顕微鏡で見ている画像を撮影する方法には、顕微鏡の接眼レンズに端末のカメラを直接付けて撮影する、いわゆるコリメート撮影法があります。しかし、端末が動かないように持つことは難しく、写真がぶれてしまいます。

　そこで、逆に、端末のカメラにレンズを取り付けて観察する「モバイル顕微鏡」と呼ばれるものがあります。ここではその1つである「ミエル1ミリ」という教材を紹介します。

　右の写真の下の白いツールがミエル1ミリのレンズです。使い方は以下のようになります。

「ミエル1ミリ」本体
ナリカやヤガミなどの理科教材会社で取り扱われています。

① 　端末のインカメラ（フロントカメラ）のレンズ部分にミエル1ミリを貼り付けます。

② 　スライドガラスに試料をのせ、プレパラートを作成します。

③ 　スライドガラスをミエル1ミリの上に置くと端末の画面に顕微鏡画像が映し出されます。

④ 　画像を撮影します（もちろん動画も可能です）。

　また、下左図のようなアダプタ（青いツール）が付属している商品も販売されていて、これを用いるとスライドガラスを安定させることができます。下右図はiPadにミエル1ミリとアダプタを取り付けてメダカ胚を観察している様子です。

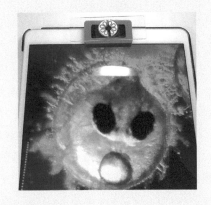

　このアダプタ付きミエル1ミリは生物教材ワークス（https://biw.thebase.in）で販売されています。

小学校第6学年「植物のからだとはたらき」

本事例の ICT 活用！

まず使ってみる	植物の静止画を撮影しよう
初級編	実験の結果をグループごとに共有してみよう
中級編	実験の結果を共有し、グループごとに整理しよう

1 単元について

学習指導要領における本単元の位置づけは次の通りです。

> 植物について、その体のつくり、体内の水などの行方及び葉で養分をつくる働きに着目して、生命を維持する働きを多面的に調べる活動を通して、次の事項を身に付けることができるよう指導する。
> ア　次のことを理解するとともに、観察、実験などに関する技能を身に付けること。
> 　（ア）　植物の葉に日光が当たるとでんぷんができること。
> 　（イ）　根、茎及び葉には、水の通り道があり、根から吸い上げられた水は主に葉から蒸散により排出されること。
> イ　植物の体のつくりと働きについて追究する中で、体のつくり、体内の水などの行方及び葉で養分をつくる働きについて、より妥当な考えをつくりだし、表現すること。
> （文部科学省、p. 108）

　児童が、植物のからだのつくりと体内の水などの行方や葉で養分をつくる働きに着目して、生命を維持する働きを多面的に調べる活動を行います。このような活動を通して、植物のからだのつくりと働きについての理解を図り、観察、実験などに関する技能を身に付けます。ここでは主に、**より妥当な考えをつくり出す力や生命を尊重する態度、主体的に問題解決しようとする態度を育成すること**がねらいとなっています。観察の多いこの単元は、タブレット端末を使うチャンスです。タブレット端末の技能も身に付けさせたいですね。

2 単元計画と ICT の活用場面

　本単元の単元計画と ICT の活用場面は次の通りです。次節以降、具体的な ICT の活用の仕方について述べます。

学習指導案 |||||||||||||||||||||||||||||||||||||||||||||||||||||

〈単元計画と ICT の活用場面案〉

時数	学習内容
2	・水は植物の体内のどこを通っているのかを調べる。【思考力・判断力】
2	・根から吸い上げられた水は、植物の体内にある通り道を通ってどこにいくのか調べる。
4	・ジャガイモにあるでんぷんは、どこで作られたのか調べる。【思考力・判断力】

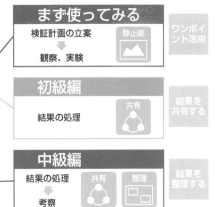

まず使ってみる
検証計画の立案　静止画　ワンポイント活用
↓
観察、実験

初級編
結果の処理　共有　結果を共有する

中級編
結果の処理　共有　整理　結果を整理する
↓
考察

---

3 まず使ってみる

活用場面	検証計画の立案 ↓ 観察、実験	ICT活用	静止画 ワンポイント活用

 子ども達が ICT 機器に慣れることから始めてみよう。まずは、グループごとに静止画を撮影する場面を設定してみよう。

◆植物が水を吸い上げていく様子を**静止画で撮影**していきます。

　色が変化していく様子はゆっくり進んでいくので、連続的な変化を観察するには静止画が効果的です。教科書では、ホウセンカが教材として使用されていることが多いですが、ここでは、身近な野菜を使った事例を紹介します。

① 後で比較するために植物全体の静止画の撮影を行います。

② セロリ、ブロッコリー、アスパラガスなどを専用の植物染色液を入れた容器の中に入れます。

③ 葉の先まで色が変化したら、再び植物全体の静止画の撮影を行います。葉の色が変化していく途中で何回か撮影すると変化の様子がよく分かります。

　セロリは短時間で、水の通り道が分かる教材です。しかし、茎に見える部分は葉柄（葉の一部）ですので、注意が必要です。

生命領域では、観察前と観察後を静止画で撮影し、**結果を比較する**場面が多くあります。ICT を効果的に使用することで、数種類のデータを扱えるので、問題解決の手がかりにしたり、疑問を持たせたりする上で大変効果的です。

4　初級編：観察、実験の結果を共有する

活用場面	結果の処理	ICT活用	共有	結果を共有する

◆各班で、身近な野菜を選び、観察、実験をし、その結果をアプリを使って共有します。

① 班ごとに、セロリ、ブロッコリー、アスパラガスなどを専用の植物染色液に入れ、水の通り道を染色します。

② カッターナイフ、ピーラーなどを使い、水の通り道が見えるようにカットします。

③ カットした部分を静止画にし、それらを Google Jamboard で共有します。

④ 児童に「共通している特徴はどこでしょうか」と尋ねます。

セロリをカッターナイフでカットしている様子

セロリをピーラーでカットしている様子

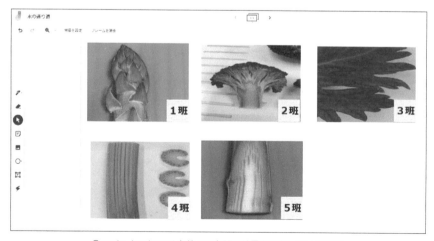
Google Jamboard を使って各班の結果を共有している様子

初級編のポイント！

　各班すべてが同じ実験をしてもよいです。黒板に貼るよりも、ICT を活用するほうが時間短縮になりますね。

5 ▷ 中級編：観察、実験の結果を共有して整理する

活用場面	結果の処理 ⬇ 考察	ICT活用	共有	整理	結果を整理する

◆各班で、たたき染めの実験を行い、その結果をアプリを使って共有して整理します。

　ジャガイモの葉に日光が当たるとでんぷんができることをまとめた後、「他の植物でもでんぷんができるのか」と児童に尋ねます。

① 　教師が事前に校庭などから、いくつかの植物の葉を採取しておくか、もしくは児童に自由に採取させます。

② 　班ごとに、たたき染めの実験をさせ、結果を静止画で撮影をします。

③ 　撮影した静止画は、Google Jamboard に共有します。

④ 　結果を整理します。

　すべての班の結果を共有することで、ヨウ素デンプン反応が出やすい植物と出にくい植物があることに気づくことができます。

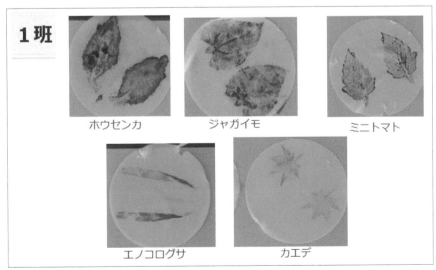

集めた葉でたたき染めをした結果を Google Jamboard に共有した様子

● Google Jamboard で結果を整理する方法

　ノートに付箋を貼ったり、はがしたりする作業をオンラインで行えるのが Google Jamboard のよさです。文字入力や情報整理もとても容易です。**ピラミッドチャート、Y 字チャート**などの思考ツールとの相性が**抜群によく**、次のような使い方もできます。

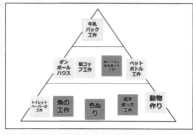

係活動で使用したピラミッドチャート

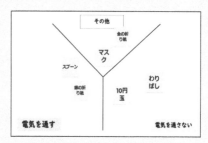

3 学年理科で使用した Y 字チャート

手順を説明します。

① 「**背景を設定**」をクリックします。【画像 1】

② 画像をクリックします。　　　　【画像 2】

③ 使用したいファイル（画像）を挿入します。
　　　　　　　　　　　　　　　　【画像 3】

【画像 1】

　使用したい画像は、PowerPoint などのソフトを使って作ります。保存方法は jpg などの画像にしてスライドを保存します。好みの画像を作り、背景にすることができます。

【画像 2】

【画像 3】

中級編のポイント！

　生命領域では、共通点や相違点、多様性の視点で捉えることが重要です。ICT の活用により、短時間で共通点や相違点、多様性を意識できるようになります。

　「**共通している特徴や他とは違う特徴はどこか？**」「同じ種なのに…同じ環境なのに…」などといった視点で**問題を追究していく**ことが大切です。

6 ▶ 2つの活用例の特色

・Google Jamboard は、写真や図、文字を簡単に追加できるアプリです。このアプリを様々に活用することで、ICT を使った**授業の幅が広がります**。

・今回の初級編、中級編の活用は**結果の処理 → 考察**という一連の流れに位置づけられています。

・児童の活動は初級編では**静止画像に撮って保存**することで、共通した性質と、植物によって異なる性質に気づくことができます。

・さらに中級編では共通点や相違点を明らかにするために、児童それぞれの考え方をもとにして**分類分けやグループ分け**を行うことも可能になります。

コラム ● 水の通り道の実験の工夫

① 切り花着色剤の使用

水の通り道を調べるときは、**切り花着色剤**を用いるのがよいでしょう。**食紅**などの色粉は粒子が大きい場合があり、道管をスムーズに通ることができません。ペンの**インク**は成分によっては植物がしおれる原因になります。切り花着色剤は高価ですが、着色にかかる時間が短く、植物がしおれる心配もありません。小さなカップで少量使用することで、費用負担も少なくできます。

② 切る物

カッターナイフ、ピーラー、キッチンスライサーなど、道具によって**水の通り道の見え方**が変わります。手を切らないように十分注意するよう指導します。

③ タイムラプス

動画が長くなってしまう場合は、**タイムラプス**を使う方法があります。**タイムラプスとは、一定の間隔で撮影した何枚もの静止画を連続で表示する撮影方法です**。端末によって、動画の時間が設定できるものや自動で動画の長さを調整してくれるものもあるようです。

生命領域

中学校第 1 学年 「生物の観察と分類の仕方」

本事例の ICT 活用！

まず使ってみる	：	学校の中の生物の写真を撮ろう
初級編	：	タブレットで生物カードを作成しよう
中級編	：	共通点や相違点を共有しよう

1 単元について

学習指導要領における本単元の位置づけは、次の通りです。

> （ア）　生物の観察と分類の仕方
> ⑦　生物の観察
> 　校庭や学校周辺の生物の観察を行い、色々な生物が様々な場所で生活しているこ
> とを見出して理解するとともに、観察器具の操作、観察記録の仕方などの技能を身
> に付けること。
> ⑦　生物の特徴と分類の仕方
> 　いろいろな生物を比較して見出した共通点や相違点を基にして分類できることを
> 理解するとともに、分類の仕方や基礎を身に付けること。　　　（文部科学省、p.88）

　身近な生物が様々な場所において生活していることを実際に観察することで、それぞれの環
境で特徴ある生物が存在していることに気づかせます。さらに、それらの**生物の比較を通して
共通点や相違点**に着目させます。これらの視点をもとに、**分類の仕方の基礎を身に付けること**
がねらいとなっています。まずは身近な生物をじっくり観察させることが重要です。そこから
生物への興味関心が高まり、主体的な学習が成立することになります。ここでは ICT を活用し
て撮影した画像から共通点や相違点を探したり、分類分けに役立てたりしていきます。また、
それらの活動を通して観察器具の取り扱い方や観察記録の取り方も身に付けさせます。

2 単元計画と ICT の活用場面

　本単元の単元計画と ICT の活用場面は次の通りです。次節以降、具体的な ICT の活用の仕
方について述べます。

学習指導案 ||||||||||||||||||||||||||||||||||||||||||||||||||||||||||||||||

〈単元計画と ICT の活用場面案〉

時数	学習内容
1	・身近な生物の観察を行う。【技能】
1	・観察した結果をスケッチなどで整理する。
1	・生物カードを作成し、観察した生物をさらに詳しく調べる。【技能】
1	・生物の特徴の共通性を見つけ、グループ分けをする。【思考力・判断力】
1	・グループ分けした生物を、さらに細かく分ける。

まず使ってみる
検証計画の立案
↓
観察、実験
静止画
ワンポイント活用

初級編
結果の処理
整理
結果を整理する

中級編
結果の処理
↓
考察
共有
結果を共有する

---

3 まず使ってみる

活用場面	検証計画の立案 ↓ 観察、実験	ICT活用	静止画 ワンポイント活用

> 生徒たちが ICT 機器に触れて慣れることから始めてみよう。まずは、デジカメやタブレットのカメラ機能を使って撮影する場面を設定してみようかな。

◆**単元の導入**では、外に出て、身近な生物を観察することから始めます。

その際、外に出る前に写真の撮り方を指導します。使用するカメラは、タブレットに備わっているものがよいでしょう。タブレットは大きくて使いにくいようであれば、デジタルカメラでも構いません。

写真のポイントとしては、

① 生物がしっかり分かるように大きく撮る
② 生物がいた場所が分かるように撮る
③ 生物の大きさが分かるように比較物を置いて撮る

などがあります。

この分野は、理科で最初の単元になる場合が多いので、校内を知るためにも色々な場所で観察させます。名前の分からない生物は画像検索させます（例えば Google 画像検索）。

撮った写真から種名を調べることができるようになると生徒は自分で調べ始めます。撮った写真を**画像で検索できるアプリ**には、Google レンズや PictureThis、Biome などがありますが、検索の結果がアプリによって微妙に違ったり、各自治体で使えるものが限られていたりするので、事前の下調べが必要です。

Google 画像検索で検索した様子

カメラを用いて身近な生物を観察することは、次の時間にスケッチするときに役に立ちます。背景など、撮影した場所が分かるように一緒に撮っておくことが大切ですね。

生物では分類分けが多く、得られた結果を整理し共有する場面が多くあります。**生徒が撮影した写真を使う**と、学びへの意識が高まります。

4 初級編：タブレットで生物カードを作成してみよう

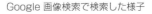

| 活用場面 | 結果の処理 | ICT活用 | 整理 | 結果を整理する |

◆この授業では、生徒が撮影した写真を使って、実際に**生物カード**を作成します。

Google Classroom と Google ドキュメントを用い、教師がまず**右のようなシート**を作成します。完成見本を示しながら生徒に使用方法を説明した後、実際に生徒に使用させます。

生物名：
観察者：
日付：R　年　月　日（　）
時間：　時　分頃　天気：
観察した場所：

写真を貼る

大きさ：
特徴：

観察シート
の見本

ドキュメントのシートの上にスケッチをしたり、撮った写真のデータを貼っていくことで、タブレット上で**観察記録の基本操作が身に付きます**。シートには観察の記録に必要な日時や大きさ、特徴などを必ず書かせ、それもスケッチの評価に加えることを生徒に伝えます。

絵の代わりに写真を貼ることができたり、文字をキーボードで打ち込んだりできるので、このような活動が苦手な生徒でもきれいなシートを完成させることができます。

生物名：　エノコログサ
観察者：　○○　○○
日付：R4年　7月　4日（月）
時間：11時00分頃　天気：くもり
観察した場所：校庭周辺 (テニスコート横)

大きさ：25〜33cm（地面から）
　特徴：葉がイネに似ている
草の生えにくそうな砂地に生えている
ねこじゃらしと呼ばれている
ブラシのような長い穂がある

完成した観察シート

● **準備！　Google ドキュメントを一人1つ作成して提出させる方法**

授業の前に、Google のスライドで雛形を作成し、コピーして配信します。以下にその手順を記します。

① 　Google のスライドで雛形を作成します（リンクは閲覧者でOK）。

② 　Google Classroom で授業をクリックします。

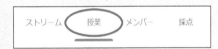

③ 　+作成 をクリック後、「課題」をクリックします。

④ 　作ったスライドをアップロードし、「各生徒にコピーを作成」をクリックします。

以上で設定完了です。

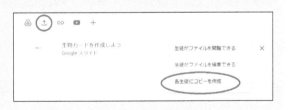

設定が完了したら、生徒たちに**生物カードの作り方**を開かせます。授業では、スライドの開き方や記入の仕方や写真の貼り方などを**スクリーンなどに投影して**確認するとよいでしょう。

初級編のポイント！

教師が貼った写真に特徴を入力するところからスタートします。他の生徒が書いたものを紹介すると、生徒が見つけた特徴などよい例が共有できます。

ICTを活用することで、紙ベースのアナログよりも情報の共有が簡単になります。その後、実際に自分たちが撮影した写真に入力させます。

5 ▷ 中級編：共通点や相違点で分類分け

活用場面	結果の処理 ↓ 考察	ICT活用	

◆初級編の授業場面の続きとなります。ここでは、作ったカードをもとに、共通点や相違点を**考えます。**

　Jamboardに**生物のカードを貼り**、大型 TV などで見せながら、生物を **2 つのグループに分け**ます。そして、これはどのような観点で分けたかを考えさせます。例えば、「卵を産むか」、「陸で生活するか」などです。「ペットとして飼えるか」など曖昧な観点も議論の中に入れて練習してみます。

　NHK for Schoolにあるアクティブ 10 という番組の「分類」では面白い分け方がされていますので参考になります。番組の QR コードを示しておきます。

NHK for School
分類

　授業の終盤には、生徒たちにも**オリジナルの問題を**作成させます。考える時間を与えた後、小グループでの確認を経て、クラス全体に問いかけさせます。

　2 つに分けることに慣れてきたら、3〜5 つに分ける分け方なども出題すると、さらに深く考えるようになります。

中級編のポイント！

　ICT の活用によって、効率的に分類分けした結果を共有できるので、色々な意見をデータとして残すことができます。データを共有して考察することを続けていくと、「多面的に考える」という理科の考え方も少しずつ身に付いていきます。

6 ▷ 2 つの活用例の特色

・今回の初級編、中級編の活用は、**特徴を見つける ⇒ 共通点を見つける**という一連の流れの中に位置づけられています。生物カードを作成させる際にタブレットを使用させ、その後 Jamboard で行ったグループ分けで、共通点を共有することが容易になります。

・初級編では、スケッチが苦手な生徒も、スケッチ以外に自分で撮った写真を利用することで、観察記録のシートを作成しやすくなります。

・中級編では、初級編で見つけた特徴を踏まえて、共通点を見つけます。各自が端末から Jamboard にアクセスし、共通点を数多く見つけ、また、他の人が思い付かないような分類分けを問題として取り上げて、生徒たちで考えることで、多面的に考えながら**分類の仕方の基礎**を身に付けます。

コラム ● YouTube の動画も効果的

　理科の授業の内容を復習するのに、**YouTube の動画**も効果的です。イラストを用いて分かりやすく解説した動画や、知識や理解を促進する内容が豊富な動画が数多くあります。以下の 2 つを紹介します。

　1 つは「夢を叶えろ！WEB 玉塾」です。
https://www.webtamajuku.com/chugaku
中学理科に関する動画を YouTube で公開しています。短い時間の動画で、大切なところを何度も繰り返して学習することができます。

　もう 1 つは「ぽにょん中学理科あにめ！」です。
https://www.ponyoani.net/
中学校の実験の内容がとても分かりやすくイラストでまとめられています。

YouTube「WEB 玉のタマえもん」理科嫌いのための中学生物「動物の分類」

YouTube「ぽにょん中学理科あにめ！」

生命領域

中学校第2学年 「生物をつくる細胞」

本事例の ICT 活用！

まず使ってみる	：	顕微鏡を使ってみよう
初級編	：	顕微鏡で見えている様子を撮影してみよう
中級編	：	ICT を使って楽しく知識を身に付けよう

1 単元について

学習指導要領における本単元の位置づけは次の通りです。

（ア）　生物と細胞
　㋐　生物と細胞
　生物の組織などの観察を行い、生物の体が細胞からできていること及び植物と動物の細胞のつくりの特徴を見いだして理解するとともに、観察器具の操作、観察記録の仕方などの技能を身に付けること。　　　　　　　　　　（文部科学省、p. 90）

　身近な生物の組織の観察や実験を通して、生物の細胞のつくりや性質の基本的な理解を図ることがねらいの1つです。例えば、細胞がすべての生物のもとになっていること、細胞が構造の単位になっていること、どの細胞も基本的に共通したつくりを持っていることです。さらに植物細胞と動物細胞における共通点や相違点に着目させ、細胞壁や葉緑体、液胞の有無など、異なるつくりについても理解するようにしていきます。その際、顕微鏡などの観察器具の操作や観察記録の仕方などの技能も身に付けるようにします。ここでは細胞の組織に関する用語を数多く扱うので、ICT を活用して、その定着も図ります。

2 単元計画と ICT の活用場面

　本単元の単元計画と ICT の活用場面は次の通りです。次節以降、具体的な ICT の活用の仕方について述べます。

学習指導案

〈単元計画と ICT の活用場面案〉

時数	学習内容
1	・顕微鏡の使い方を学習する。【知識及び技能】
2	・植物や動物の体のつくりを調べる。【知識及び技能】
1	・細胞のつくりを学習する。【思考力・判断力】

まず使ってみる

検証計画の立案
↓
観察、実験

ワンポイント活用

初級編

結果の処理

結果を記録する

中級編

知識の定着

結果を定着する

---

3 まず使ってみる

活用場面	検証計画の立案 ↓ 観察、実験	ICT活用	動画の視聴 ワンポイント活用

子ども達が ICT 機器に触れて慣れることから始めてみよう。まずは一人ひとりが実験前に顕微鏡の使い方を**動画で視聴する**場面を設定してみようかな。

◆単元導入時の顕微鏡の操作法で使用します。

　単元の導入では、**顕微鏡の使い方**を学習します。その際、顕微鏡の使い方を動画で視聴し、各部の名称についても併せて学んでいきます。顕微鏡の操作法については小学校 5 年生でも取り扱いますが、ここでは再度、ていねいに確認します。

　顕微鏡の使い方の動画については、デジタル教科書や「NHK for School」、教師自作の画像や映像でもよいでしょう。

NHK for School
顕微鏡の使い方

　そのあと、教師が実際に使用法について実演します。このとき HDMI や WiFi で外部出力できる顕微鏡を用いると、大画面に映し出しながら使い方を再確認でき、拡大されたサンプル画像が見本にもなります。これは生徒の学習への**動機付け**になります。

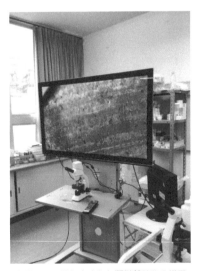

大型 TV に映し出された顕微鏡映像の様子

生徒に実際に顕微鏡を操作させる際、操作が分からなくなったら自分のタブレットで動画を見てもよいことにしておきます。そうすることで、**動画を見ながら適切な顕微鏡の使用法が身に付きます**。

　また、顕微鏡の操作に自信がある生徒にクラス全体の前で操作をさせ、全員でチェックする時間を設けると、より一層集中して顕微鏡に取り組みます。生徒を**リトルティーチャー**にし、他の生徒の補助をさせたり、操作のチェックをさせるとよいでしょう。

> 　好きなときに顕微鏡の使用方法の動画を視聴できるのは、一人一台端末の利点です。
> 　繰り返し視聴して操作を確認できるので、基本的な技能の習得につながりますね。

4　初級編：顕微鏡で見えている様子を撮影をしてみよう

活用場面	結果の処理	ICT活用	静止画	結果を記録する

◆観察結果を記録し、共有する際に導入します。

　この授業では、生物を顕微鏡で観察し、植物と動物のつくりを調べます。身近にある植物や動物を顕微鏡で撮影した画像を共有して、相違点や共通点を調べます。

　顕微鏡で実際に目で見るのと同時に、タブレットなどのカメラ機能を使って、顕微鏡から見える様子を写真に撮ります。コツとしては、接眼レンズから少し離れたところから、接眼レンズを映し、接眼レンズが光って見えているところをめがけて近付けていくとうまくいきます。撮影に慣れるまでは、**顕微鏡の動作係と撮影係**の二人一組で撮影させるとスムーズに撮影することができます。

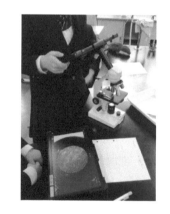

　また、教材会社から販売されているタブレット撮影用クリップを使うと、簡単にピントを合わせることができます。

撮影したものをスケッチさせることで、より簡単に観察記録にすることもできます。

さらに、ここでは、**Google Classroom** などを用いて、うまく撮れた写真のデータを送信するように指示し、生徒が撮った写真のデータを集めます。

初級編のポイント！

　顕微鏡の使い方に慣れていない生徒に対しては、まずは**顕微鏡を適切に使用する**ところからスタートします。デジカメやタブレットのカメラ機能を使うことで、**教師のねらいと生徒が見ているものが一致しているか**、ピントがあった状態なのか等、外部からのチェックができ、指導もしやすくなります。

5 ▷ 中級編：ICT を使って楽しく知識を身に付けよう

活用場面	知識の定着	ICT活用	共有	結果を定着する

◆問題を作って知識を定着させる際に導入します。

　今まで学習してきた内容を確認する意味を含めて、顕微鏡の各部の名称や、操作の手順など、**実際に問題を作って復習させる**ことで、知識が確実なものになります。

　東京書籍のブレットドリルや、ベネッセのミライシードのドリルパークなど、市販されているタブレット教材もありますが、Google Forms や Kahoot！を用いれば、無料で簡単に**復習の学習教材を作る**ことができます。

　次頁に Google Forms でのテストの作り方や Kahoot！の活用の仕方について説明します。

　一度作っておけば次年度以降の生徒にも使えますし、復習や受験前の知識の確認などにも使用できます。また、Google Classroom などの WEB 上に掲載しておけば、インターネットを使って放課後や長期休みの期間中、いつでも家庭で学習できます。

Google Froms の例

Google Classroom の例

1. Google Forms（Google フォーム）を使った小テスト

Google Forms を使って問題を作成します。Google Forms を使えば、**選択方式の問題、記述方式の問題、生徒が撮った写真などを使った問題**も作ることができます。作り方は簡単で Google のアプリケーションから Forms を選び、中のフォームに問題を書いていきます。

解答の設定を行えば、**採点も自動**で行ってくれます。解答が文章問題の場合は自動採点は難しいですが、単語や記号問題は問題なく使えます。しかし、カタカナや数字の場合、半角と全角の両方を正答にしておかないと、不正解になる場合があるので注意が必要です。また、何回でも答えることができるか、1 回だけしか答えることができないか、も設定することができるので、練習のときには何度も挑戦してもよいようにしておき、本番では 1 回しか答えられないように設定しておくとよいでしょう。

2. 知識を定着させるための Kahoot！を使った理科クイズ

Kahoot！（https://kahoot.com/）を使って**知識の定着を図ること**もできます。Google Forms で問題を作った後でもいいですが、教師側が生徒たちの知識の定着の度合いを知るために学習の最初に行うこともできます。Kahoot！では、問題に対して早押しをした場合の得点も設定できるので、解答スピードや問題の正答数などから、自分の順位が表示されます。問題作成を生徒が行うと、より意欲的に学習に取り組みます。

Kahoot! の画面

中級編のポイント！

ICT は実験や観察の補助やデータの整理、共有、議論の支援だけでなく、小テストの採点・評価にも利用することができます。効率的に評価がフィードバックされるので主体的な学びを促すことができます。

6 ▷ ２つの活用例の特色

・今回の初級編、中級編の活用は、顕微鏡の操作や観察の記録の**技能を身に付ける**→知識を**習得する**という流れの中に位置づけられています。

・初級編では、顕微鏡の操作方法を**確実に身に付け**させます。生徒がねらいに沿った画像を見ているかどうかの評価は、写真を提出させることで**一目で評価**できます。

・中級編では、初級編で身に付けた技能や知識を定着させると同時に、**楽しく何度も繰り返して行える**ことがメリットです。

コラム ● WEB サイトの活用

　ICT にはたくさんの**先行実践**がありますが、お茶の水女子大学サイエンス＆エデュケーション研究所の理科教材データベースは小学校・中学校の理科の授業に使え、タブレットPC などを利用してできる実験が数多く掲載されています。

　https://sec-gensai.cf.ocha.ac.jp/

　例えば**生物の分野**だとタブレットにマクロレンズなどを付けて観察する実践が掲載されています。

　顕微鏡の分野では、レーウェンフックの顕微鏡の簡単な作り方や、作った顕微鏡で拡大したものをタブレットに映す方法を掲載しています。

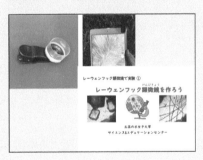

　他にも、生物以外の分野の教材も充実していて、50 以上もの実験や観察が掲載されています。

　研究に協力することで、ここで紹介されている教材を貸し出してもらえ、授業への支援も受けることができます。さらに詳しく知りたい方は、公式サイトからお問い合わせください。

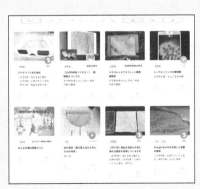

事例 **05** 生命領域

中学校第3学年 「遺伝の規則性と遺伝子」

> **本事例のICT活用！**
>
> | | |
> |---|---|
> | まず使ってみる | 映像を視聴しよう |
> | 初級編 | モデル実験の結果を表に入力してみよう |
> | 中級編 | 実験の結果をみんなで共有しよう |

1 単元について

学習指導要領における本単元の位置づけは次の通りです。

> （ア）　生物の成長と殖え方
> ⑦　細胞分裂と生物の成長
> 　　体細胞分裂の観察を行い、その順序性を見いだして理解するとともに、細胞の分裂と生物の成長とを関連付けて理解すること。
> ④　生物の殖え方
> 　　生物の殖え方を観察し、有性生殖と無性生殖の特徴を見いだして理解するとともに、生物が殖えていくときに親の形質が子に伝わることを見いだして理解すること。
> （文部科学省、pp.91-92）

　生徒が、生命の連続性に関する事物・現象の特徴に着目して、生物の成長と殖え方の特徴や遺伝の規則性、および長い時間の経過の中で生物は変化して多様な生物の種類が生じてきたことを見いだし理解する活動を行います。このような活動を通して、生命の連続性が保たれていることや多様な生物の種類が生じてきたことについて**認識を深め、生命を尊重する態度を育成すること**がねらいとなっています。

2 単元計画とICTの活用場面

　本単元の単元計画とICTの活用場面は次の通りです。次節以降、具体的なICTの活用の仕方について述べます。

学習指導案 ||||||||||||||||||||||||||||||||||||||||||||||||||||||

〈単元計画と ICT の活用場面案〉

時数	学習内容
1	・メンデルの功績から、遺伝の規則性があることに気づく。
1	・親から子への特徴の伝わり方についてモデルを通して理解する。
1	・子から孫への特徴の伝わり方についてモデルを通して理解する。
1	・遺伝子に関して現代に応用されている技術について理解する。
1	・学んだことをまとめる。「あなたは遺伝子診断を活用しますか?」についての意思決定をレポートにまとめる。

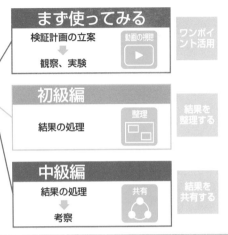

3 まず使ってみる

活用場面	検証計画の立案 → 観察、実験	ICT活用	動画の視聴 ワンポイント活用

 遺伝の規則性を理解する観察の映像をICT機器で何度も視聴できるようにしよう。映像を視聴してから課題を設定する場面を設定してみようかな。

◆単元の導入では、実際にエンドウを使った交配実験の様子を映像（NHK for School「遺伝の法則と発見」）で視聴しながら、遺伝には規則性があることに**気づかせます**。

　動画の視聴後、**エンドウの子葉の色**の遺伝の規則性について予想を立てさせます。

〈ワークシートの例〉

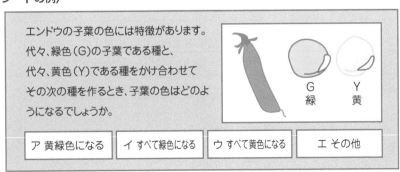

エンドウの子葉の色には特徴があります。
代々、緑色（G）の子葉である種と、
代々、黄色（Y）である種をかけ合わせて
その次の種を作るとき、子葉の色はどのようになるでしょうか。

G 緑　Y 黄

| ア 黄緑色になる | イ すべて緑色になる | ウ すべて黄色になる | エ その他 |

　　子ども達が各自で実験器具の使用方法の動画を視聴できる点は、一人一台端末の利点です。繰り返し視聴することで、観察実験の視点を明確にすることができます。

　　また、実施が難しい長期的な観察映像の視聴は、連続的なイメージ化が可能になり、新たな視点の発見につながりますね。

4 初級編：モデル実験で得られたデータを表に入力しよう

活用場面	結果の処理	ICT活用	整理	結果を整理する

◆この授業では、「メンデルの法則を再現しよう」という問題を設定し、顕性・潜性が現れる規則性を理解するために、モデルを使ったシミュレーション実験を行うことにします。

　ここでは、クラスの人数に応じて、AコースとBコースに分けて**2種類の方法**によるシミュレーション実験を行います。方法を変えても、**サンプル数の確保ができれば、**その後の考察が**大変容易になります。**

☆実習Aコース☆　くじ引きで，かけ合わせてみよう。

準備　**用意したら☑**
□おしべの花粉用フィルムケース（青色）
□めしべの卵細胞用フィルムケース（赤色）
　メンデルが考えた遺伝子モデル（A＝黄色，a＝緑色のBB弾がそれぞれ10個入っています）

実習のポイント

【例】花粉→A，卵細胞→aなら…

遺伝子は「 **Aa** 」となる

子葉の色は「　**黄**　色」と記入！

方法　**確かめたら☑**　□ 花粉用のフィルムケースをよく振って，遺伝子を1つだけ取り出します
□ 同じようにして，卵細胞用のフィルムケースからも1つ取り出します。
　表に遺伝子の記号A，aを記入し，その遺伝子の組合せでは，
　子葉の色が何色になるか判断しましょう。
　※BB弾は，色を確かめたら，元のフィルムケースに戻します。
　※1度に2個出てしまったときは，入れてやり直しましょう。

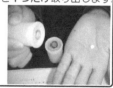

☆実習Bコース☆　サイコロで，かけ合わせてみよう。

準備　**用意したら☑**　　□おしべの花粉用サイコロ　　□めしべの卵細胞用サイコロ

方法　**確かめたら☑**
□ サイコロの目が**偶数ならA**，**奇数ならa**にします。
□ 花粉用のサイコロを振り，A＝黄色か，a＝緑色かを見ます。
　同じように，卵細胞用のサイコロでやってみます。
□ 表に記入し，子葉が何色になるか判断しましょう。
※2人で実習し，1人ずつサイコロを振りましょう。

実験によって得られた**結果を処理する場面**では、生徒が**表にデータを入力**します。

Google の**スプレッドシート**を用いて、教師が事前に各班の**データ入力用の表**を作成しておきます。また、共有設定でリンクを知っている全員が編集できる設定にします。

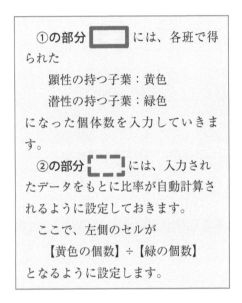

①の部分 ☐ には、各班で得られた

　　顕性の持つ子葉：黄色

　　潜性の持つ子葉：緑色

になった個体数を入力していきます。

②の部分 ☐ には、入力されたデータをもとに比率が自動計算されるように設定しておきます。

　ここで、左側のセルが

　　【黄色の個数】÷【緑の個数】

となるように設定します。

Ｂコースも A コース同様に、設定しておきます。

③の部分には、A コースと B コースの個数の合計から、黄色と緑色の比率を自動計算するように設定します。

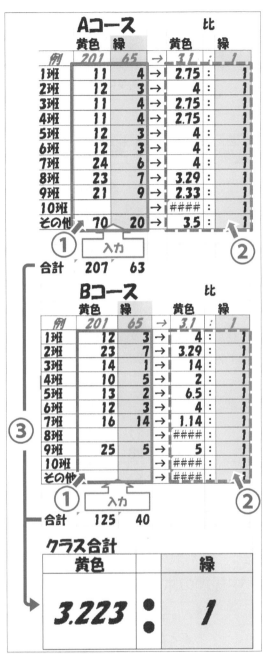

初級編のポイント！

実験や観察に時間をかけすぎると、データ整理の時間が少なくなります。あらかじめ表などを教師側で準備しておくことで、**規則性に気づかせたりデータ整理の時間を短縮したり**することができますね。

5 中級編：実験の結果をみんなで共有しよう

活用場面	結果の処理 → 考察	ICT活用	共有	結果を共有する

◆初級編の授業場面の続きをさらに ICT 活用させます。

ここでは、**結果を処理し考察する場面**で、ICT を活用します。共同編集の設定にして、各班のデータを 1 つのスプレッドシートに入力しているため、各自の端末から各班の結果を確認することができます。

生徒たちは自分たちの結果だけではなく、各班や各クラスの結果も閲覧して、「メンデルが行ったエンドウの遺伝実験の結果を説明する」という問題に対する妥当な答えについて考察します。

クラス	黄	緑
301R	332	103
302R	208	60
303R		
304R	232	72
305R		
306R	240	59
307R	323	131

学年合計		
黄色		緑
3.141	:	*1*
1335		**425**

中級編のポイント！

ICT の活用によって効率的に結果を共有することができますね。考察に十分時間をかけることができ、**対話的な学び**が促されます。

各班の結果を共有して考察することを続けていくと、多様な見方や考え方にふれることができるので、「**多面的に考える**」という理科の考え方も身に付いていきます。

6 ▷ ２つの活用例の特色

・今回の初級編、中級編の活用は、**結果の整理⇒共有**という一連の流れの中に位置づけられています。

・初級編では、自身のデータを入力する補助としてスプレッドシートを活用します。

・中級編では、初級編の内容を踏まえて、各クラスのデータを集約したり、**クラスを超えて**データを集約したりするためのツールとしてスプレッドシートを活用します。他クラスのデータをもとにして考察させるなど、そのクラスの結果以外も授業で活用できるメリットがあります。

・遺伝の規則性のように**多量のデータによる考察**には、ICT による学びは適しています。

コラム ● 私の活用術

・デジタルデータの活用は、年度を超えてデータを共有することができる点もメリットの１つです。生物領域に限らず、観察データを**統計的**に処理する場合、**サンプル数が多いほど、信頼度の高い結果**が得られます。したがって、年度を超えたデータであっても、そのデータが重宝されるような活用が今の ICT 時代で実現可能になると考えます。

　生徒には是非、サンプル数と信頼度の問題を投げかけ、どれくらいのサンプル数で考察したのか、その意味も考えさせたいところです。

・メンデルのエンドウ実験の授業における**科学史を導入した授業の展開**は、科学そのものについて考えるという点において非常に有益だと考えています。メンデルは長い年月の末に、遺伝には規則性があることを突き止めました。最初に出した論文は世に認められず、メンデルはそのままこの世を去ることになります。しかし、メンデルが発見した遺伝の規則性は現在の科学技術に大きく影響しています。遺伝に関わる応用や開発のメリット・デメリットを **ICT を活用して調べ**させ、様々な情報から**生徒同士の議論に結びつける**ことも期待できます。

◆地球領域の事例について◆

1 地球領域の特性と ICT 活用が活きる場面

大地の変化というけれど、地震や火山、大陸移動などスケールが大きくて、子ども達にどうやったらこのスケール感を実感してもらえるかなぁ・・・。

（1） 地球領域の特性

　地球領域で学ぶことは、実は日常生活に密着した普段から身の回りにあふれていることばかりです。意識していないとなかなか実感がわきませんが、月は毎日満ち欠けし、季節は移り変わり、地震や火山などの報道の中、私たちは日々天気予報をチェックして出かけます。地球領域では、これらの現象について考えを深めていきます。

　地球領域では主に「時間的・空間的な視点」で自然現象を捉えることによって推論していきます。時間的な見方も、火山、大陸移動、地震、地層の形成、星の一生、台風、天気といった現象ごとに基準となる時間が異なります。空間的な見方も、地層の広がり、大地の変動、気象現象、月や金星の満ち欠けなど、視点移動の必要なものや見えない部分を観察可能な部分から推論していくという、様々な見方が必要です。

月の満ち欠けを教えるのは難しいなぁ。夜間での観察になるし、日ごとの観察も必要だし。どうやったらうまくできるかなぁ…。

　理科を教えるにあたって指導が難しい、苦手とされている内容（単元）に月や星座の観察や月の満ち欠けがあります。また、大地の変化に関しては、実験結果の再現性の低さも悩むところです。このように地球領域の観察、実験は、時間的制約や観察場所の制約、また条件制御、要因統制の難しさから、実験結果が教師の思い通りにならないという悩ましさがあります。加えて何百万年といった時間的スケールや、3次元的認識を用いた空間的な感覚も求められます。これらを克服してくれるツールとして ICT を活用していくことが考えられます。

（2） 地球領域において ICT 活用が活きる場面

　先述の通り、地球領域では、時間的スケールが長大な内容や、空間的に実際には観察するのが難しい内容を推論していかなければなりません。それには授業での実施可能な観察、実験だけでは限界があります。そのため、この「時間的・空間的」な見方を養うための場面が地球領域における ICT の活用場面となります。観察や実験を補完するものとしては

① 瞬時に終わってしまうような現象　② 時間の要する現象　③ 微視的な現象
④ 巨視的な現象　　⑤ 可視化できない現象　　⑥ 3次元的な現象
⑦ 複雑なステップが絡むような現象　⑧ ステップ数の多い現象
⑨ 小中高の系統性に配慮したい現象　⑩ 最先端科学との接点を求めたい現象

があげられます。一人一台端末の学習では、端末を用いて、主体的に取り組んだり、粘り強く考えたり、結果をもとに考察・推論し、考察結果を共有していくことに効果を発揮していくと考えられます。

　一人一台端末ならではの内容を授業に取り入れていくことが今後必要ですね。実験器具や観察対象物の不足にも対応でき、実験結果についても静止画や動画など各自の視点で記録することができます。

　例えば、事例3と事例5では月や金星の満ち欠けといった現象を子どもがしっかりと理解し説明するための提案がなされています。ここでは空間的な見方を用います。事例3では巨視的（④）で可視化できない現象（⑤）をモデル実験として行い、結果の記録に静止画を用いています（まず使ってみる）。各自が撮影した静止画を用いて考察し、自らの解説資料を作成しています（初級編）。従来はグループで行っていたことも各自の端末で個人で行うことができるようになりました。最後にAR（拡張現実）を用いた考察を行い（中級編）、モデル実験と解説資料を関連付けることで、視点移動という空間的な見方を深めていくことができます。事例5では月の陰影で関心を持たせた後（まず使ってみる）、月の満ち欠けのモデル実験で空間的な見方を確認しています（初級編）。これを踏まえ金星の満ち欠けのモデル実験を行い、金星の満ち欠けについての解説動画の作成を一人ひとりにさせています（中級編）。

　これらの事例のように、モデル実験の結果を各自が考察し、実験結果を用いて各自で現象や要因を解説するという活動は、一人一台端末を用いることによって他領域でも使える汎用性の高いICT活用の提案となっています。

2　本書における地球領域の事例

　地球領域では上記の2つの事例を含む5つの事例を取り上げています。

　事例1では、小学3年生であるため、個人で機器の扱いに慣れることから始め、長時間の観察結果を短縮した動画撮影（タイムラプス）としたり、結果をまとめるときに用いることで、考察時間を捻出したりしています。

　事例2では、1時間の中での一人一台端末でのICT活用のありようを提案しています。撮影の仕方といった簡単なことから、観察カードの作成とその工夫した表現までです。子どもの実態等に応じて使い分けるヒントとなっています。

　事例4では、実物標本の不足をICTを用いて補い、観察結果の記録という簡単な使い方の提案があり、各自の記録した結果から差異点を見いだし、そこから問題を見いだし整理し考察を行っていきます。共通点や差異点から考察した内容を自身でまとめ報告することで対話的な学びの提案となっており、これらを通して思考力や表現力を養うことができます。

　それぞれの事例で、地球領域の特性を踏まえた時間短縮の使い方、考察のための使い方、情報を共有するための使い方などに加えて、一人一台端末だからこそできる学習内容ということに意識を向けてみてください。明日の授業につながる大きなヒントが見つかることでしょう。

地球領域

事例01 小学校第3学年「地面の様子と太陽」

本事例の ICT 活用！

まず使ってみる	「影と太陽の位置関係」を写真に撮ってみよう
初級編	「影の様子」を動画に撮ってみよう
中級編	グラフ化して結果を考察しやすくしよう

1 単元について

学習指導要領における本単元の位置づけは次の通りです。

> (2) 太陽と地面の様子
>
> 　太陽と地面の様子との関係について、日なたと日陰の様子に着目して、それらを比較しながら調べる活動を通して、次の事項を身に付けることができるよう指導する。
> ア　次のことを理解するとともに、観察、実験などに関する技能を身に付けること。
> 　(ア)　日陰は太陽の光を遮るとでき、日陰の位置は太陽の位置の変化によって変わること。
> 　(イ)　地面は太陽によって暖められ、日なたと日陰では地面の暖かさや湿り気に違いがあること。
> イ　日なたと日陰の様子について追究する中で、差異点や共通点を基に、太陽と地面の様子との関係についての問題を見いだし、表現すること。
>
> （文部科学省、p.97）

　児童が日なたと日陰に着目してそれらを比較しながら調べる活動を通して、「日陰は太陽の光を遮るとできる」「日陰の位置は太陽の位置によって変わる」「地面は太陽によって暖められる」「日なたと日陰では地面の暖かさと湿り気に違いがある」ということの理解を図ります。さらに、観察、実験などに関する技能を身に付け、差違点や共通点をもとに、**太陽と地面の様子との関係についての問題を見いだし、表現する力を育成する**ことがねらいとなります。

2 単元計画と ICT の活用場面

　本単元の単元計画と ICT の活用場面は次の通りです。次節以降、具体的な ICT の活用の仕方について述べます。

学習指導案

〈単元計画と ICT の活用場面案〉

時数	学習内容
2	・影踏み遊びをして気づいたことを話し合う。 ・影の向きや太陽の位置を調べる。
1	・時刻を変えて、影の位置を太陽の位置と比べながら調べる。
2	・太陽の位置を、時刻と比べながら調べる。 ・方位磁針の使い方を知る。
1	・日なたと日陰の様子で気づいたことを話し合う。
2	・日なたと日陰の地面を触って比べる。 ・時刻を変えて、日なたと日陰の地面の温度を比べながら調べる。

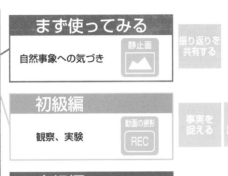

3 まず使ってみる

 前時のことを思い出させるのに一工夫しよう。**活動の様子（結果）を写真で記録しておいて、次の時間の振り返りのときにその記録写真を使えばいいかな？**

◆影の向きや太陽の位置を調べる観察を行う授業時に、観察の様子を記録します。

遮光プレートで太陽を見ながら太陽を指差します。その姿を友達に撮影してもらいます。ペアで活動するとよいでしょう。撮影するときには、影も一緒に撮影してもらいます。そうすることで、**影と太陽とが反対の位置にあることを記録に残せます。**

観察時の記録の写真は、活動後に先生に提出させておくのもよいでしょう。そうすることで、振り返りのときに、ICTの集約機能や電子黒板等を用いることで、何人もの子どもの様子を提示できます。

太陽の方向と影の様子が分かるように撮影している場面

教室で前時の活動の様子を振り返る場面

前時に行った活動を振り返ることはよくあることです。その際、言葉だけで振り返るよりも、活動の写真があるほうがより思い出しやすいですね。

写真を使った振り返りは、とても手軽にできるのでおすすめです。ただ、この活用では ICT のよさが伝わりにくいので、子どもにも ICT 活用のよさが伝わる活用方法を提示していきたいですね。

4　初級編：「影の様子」を動画に撮ってみよう（時間経過による事象変化の様子を記録しよう）

活用場面	観察、実験	ICT活用	動画の撮影 REC	事実を捉える	事象を記録する

◆影の様子を動画撮影します。撮影された動画は早送りして児童に見せます。

「時間が経つと、影の位置はどうなるか？」という問題を見いだして設定し、**影の位置の変化**を調べます。

長い時間が経てば、影の位置が変わることは児童も経験的に知っています。けれども、短い時間にも影の位置が変わっていることを経験的に知っている児童はほとんどいません。

実験前に、「短い時間でも影が動いていることは観察できますか」と児童に聞いておくとよいでしょう。そうすることで、実験結果をより感動的に見ることができます。

工作用紙に粘土を置いて 10 cm ほどの長さの棒を立て、日の当たる場所に置きます。その様子を、**タブレットで録画**します。合わせて、写真を撮っておくのもよいでしょう。可能であれば、5 分後の影の予想位置を描かせておくのもよいです。

朝と夕方とでは影の位置が違っている

同じ場所での 5 分違いの影の様子
（そのまま見ていても違いは分かりにくい）

工作用紙に粘土を置き、10 cm の長さの棒を立てた実験道具

● 事前準備（影の動きを調べるための実験道具の用意）

　準備に時間があれば、長い棒を立てて、その影の動きを調べるほうが変化が大きく分かりやすいです。

　そうでなければ、児童の持っているもの（鉛筆など）を利用するのが手軽です。自分の持っているものを利用すれば、**特別な準備も要らず、各自が好きな場所で活動（動画撮影）**することができるという点でも便利です。

長い棒で実験するときの様子

影の動きをカメラ機能を使って撮影

● 観察、実験を行うにあたっての留意点

　端末が動かないように**固定して撮影させること**が大切です。三脚がなければ、筆箱など身の回りのものを使ってセットするよう声をかけましょう。端末がセットできれば、あとは5分程度その場所に置いておくだけです。

　この間、児童には影の様子を見ておくように指示するとよいでしょう。その場で実際に5分ぐらい見ていても、影が動いているようには見えません。それが、撮影された動画を早送りして見ると、影が動いていることが確かめられます。ICT活用のよさです。時間的な見方（時間の短縮）にもつながります。

初級編のポイント！

実際に観察しても、人の目だけでは感知しにくい（気づきにくい）ことがあります。それがここでは「ICTの力を借りて容易に感知」できています。

児童がこうした経験をすると、解決方法で困ったときに、「ICTを活用すれば解決できるかも知れない」と、ICTを「問題解決の方法」の選択肢の1つとして加えることが期待できます。

5 ▷ 中級編：実験の結果を分かりやすくまとめよう

| 活用場面 | 結果の処理 ⇩ 考察 | ICT活用 | グラフ化 共有 | 結果を整理する | 結果を共有する |

◆日なたと日陰の地面の温度を比べた結果を、グラフ化して考察します。

　ここでは、結果を処理し考察する場面で ICT を活用します。結果を考察するには、**生のデータをそのまま見るよりも、グラフで見るほうが傾向を掴みやすい**です。

　児童が表の入力に慣れていれば、表の入力もさせます。そうでなければ、入力済みの表を配布し、その表を利用して端末でグラフ化させます。

　ICT を活用すれば、表の行と列を入れ替えたグラフもすぐに作成できます。これにより「同じ時刻での場所による温度の違い」だけでなく、「同じ場所での時刻による温度の違い」も容易に比べられるようになります。

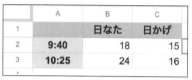

日なたと日陰の異なる時刻の地温の表
（Google スプレッドシートの表）

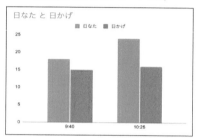

時刻ごとの日なたと日陰の地温を表すグラフ
（Google スプレッドシート）

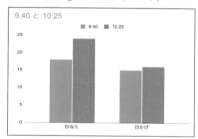

場所ごとの違う時刻の地温を表すグラフ
（Google スプレッドシート）

中級編のポイント！

　ノートにグラフを描かせると、かなりの時間を要します。ICT を活用すれば簡単にグラフ化できるので、考察に時間を割くことができますね。

　グラフ化したほうがデータの傾向は読み取りやすくなります。そのことを 3 年生の早い時期に経験しておく意味は大きいです。ICT 活用の有用感を持てることは、ICT を普段使いしていこうとする意識につながります。

6 ▷ 2つの活用例の特色

・初級編、中級編の活用は場面も使い方も全く違っていますが、いずれのICT活用も、3年生でも有用性が感じられるものです。ICT活用の有用性を3年生から感じられれば、問題解決の方法として、その後の活動においてもICT活用をすぐに思い浮かべることが期待できます。

・初級編では、「動きが少なすぎて分かりにくい」場合、「撮影して早送りする」ことで「動きを見やすくする」という使い方をしました。これは、「小さすぎて見えにくい」場合、「虫めがねを使えばよく見える」という「観察器具」の使い方と同じといえます。道具としてのICT活用です。さらに、地球領域での時間的な見方にもつながります。

・中級編では、「データをグラフ化する容易さ」と「データをグラフで見ることのよさ」を実感できます。**グラフを描かせる力**も大切な力ではありますが、この学習場面では、**結果を考察して「比較する」**という問題解決力の育成のほうが大切です。そこで、端末で作成させるようにします。

コラム ● ICTの活用は何が正解か

「ICTの活用方法に正解はない」、まず、このように捉えることが大切です。

以前、中級編のような活用をしているときには、「手書きでグラフを描かせる指導」をして（しかもみっちり1時間）、その後、アプリを使ってのグラフの描き方を教えていました。**表題はどこに書くか、縦軸の目盛りはいくつにするか**など、グラフを作成する上での**基本的な**ことはしっかり押さえておく必要があると思っていたからです。

しかし、今は「ビッグデータの活用力が求められる」といわれるような時代です。「生のデータをグラフ化してデータの傾向を読み解く力」と「手書きで正確にグラフを作成する力」のどちらが大切かと問われれば、今の私は前者の「生のデータをグラフ化してデータの傾向を読み解く力」と答えます。ですから児童が、「**手書きでは描けないけど、アプリを使えばグラフが描ける**」ということになったとしても問題だとは考えません。

ICTの活用方法には何か正解のようなものがありそうな気もしますが、そんなことはありません。先生自身が指導の目標を考えたときに「**この活用方法が児童に有効である**」ということをしっかり説明できることこそが、ICTの活用には大切だと思います。

事例 **02** 地球領域

小学校第5学年 「天気の移り変わり」

> **本事例の ICT 活用！**
>
> | まず使ってみる | ： | 雲の様子を記録しよう |
> |---|---|---|
> | 初級編 | ： | デジタル観察カードにまとめよう |
> | 中級編 | ： | 表現を工夫してまとめよう |

1 単元について

学習指導要領における本単元の位置づけは次の通りです。

> （4）　天気の変化
>
> 　天気の変化の仕方について、雲の様子を観測したり、映像などの気象情報を活用したりする中で、雲の量や動きに着目して、それらと天気の変化とを関係付けて調べる活動を通して、次の事項を身に付けることができるよう指導する。
> 　ア　次のことを理解するとともに、観察、実験などに関する技能を身に付けること。
> 　（ア）　天気の変化は、雲の量や動きと関係があること。
> 　　　　　　　　　（以下略）　　　　　　　　（文部科学省、p.104）

　児童が、雲の量や動きに着目して、これらを天気の変化と関係付けて調べる活動を通して、「天気の変化は雲の量や動きと関係があること」について理解を図ります。

　さらに、観察、実験などに関する技能を身に付け、主に天気の変化の仕方と雲の量や動きとの関係について、表現することがねらいとなります。

　本事例では、雲の様子を静止画や動画で撮影し、そこで記録された「雲の量や動き」の様子を「**デジタル観察カード**」としてまとめます。そして、作成されたデジタル観察カードを用いて考察し、天気の変化についての理解を深めます。結果を考察するためには、「そのままのデータ」としての「雲の様子の静止画や動画」よりも、「データを加工したもの」としての「デジタル観察カード」を活用するほうが有効です。

2 単元計画と ICT の活用場面

　本単元の単元計画と ICT の活用場面は次の通りです。次節以降、具体的な ICT の活用の仕方について述べます。

学習指導案

〈単元計画とICTの活用場面案〉

時数	学習内容
4	・雲の様子と天気の変化の関係を調べる。
2	・気象情報と天気の変化の関係を調べる。
1	・明日の天気を予想する。
1	・学んだことを活かす。

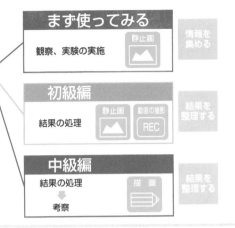

まず使ってみる
観察、実験の実施 静止画 情報を集める

初級編
結果の処理 静止画 動画の撮影 REC 結果を整理する

中級編
結果の処理 ↓ 考察 描画 結果を整理する

3 まず使ってみる

活用場面 ▶ 観察、実験の実施 ▶ ICT活用
静止画 動画の撮影 REC 情報を集める

雲の様子を写真に撮ることから始めてみよう。子ども達は写真や動画を撮るのが好きだから、上手に撮れる方法を教えたら興味を持って取り組むかな？　この機会に「写真の撮り方のコツ」を説明してみよう。

◆雲の様子を写真や動画に記録させます。

　写真や動画は実験の目的に沿ったものである必要があります。写真や動画の撮影は、ICT活用として最も頻繁に行われる活動ですが、単に活動回数が増えてもそのスキルは上がりません。適切なものでないと、せっかくの写真・動画も実験や観察の結果として使えるものになりません。対象物をよく**"観る"**ことや実験結果のための記録という点からも、フォーカスの合わせ方、明るさの調整、手ぶれ注意、分かりやすくするための構図について説明するとよいでしょう。難しい操作はないので、すぐに児童も意識して取り組みます。

　撮影のコツなどについては、次の電子書籍（無料）が参考になります。

「Everyone Can Create: 写真」（Apple Education）

構図を意識せずにシャッターを切った写真

グリッド線を表示させ、フォーカスや露出を固定している

児童には、理科で記録する写真や動画は「結論」のための「証拠＝根拠」という意味合いを持つとても重要なもの、という意識を持たせたいですね。だからこそ、こうして「撮影のコツ」を指導し、よりよい写真や動画を撮れるスキルを身に付けさせることは大切です。

写真や動画で記録すると、スケッチしたりメモを取ったりするよりも大幅に記録時間を短くできます。その分、まとめを充実させる時間として使っていきましょう。初級編、中級編では、「観察カード」としてのまとめ方について紹介します。

4 　初級編：デジタル観察カードにまとめよう

活用場面	結果の処理	ICT活用	

◆雲の様子を写真や動画に記録し、デジタル観察カードとしてまとめます。

日時：　4月16日（木）　午前10時30分

天気：晴れ

観察した場所：理科室

理科室から見た北の空の様子①

空全体に，うっすらと雲がかかっている。ちょっと高い場所に見えるので，高層雲（おぼろ雲）だろう。

山の近くには，固まった雲が見えた。低い位置に横に広がっているので，層積雲（くもり雲）だろう。

デジタル観察カードのテンプレート

「デジタル観察カードのテンプレート」を児童に提示し、観察前にまとめ方のイメージを持たせるようにしておきます。

デジタル観察カードには、動画も入れられますが、長い動画は扱いにくいため、動画撮影は15〜30秒程度にするよう伝えます。動画は端末を固定して撮影させます。

デジタル観察カードは、配布したテンプレートの写真、テキストを置き換えて作成させるようにすると、短い時間で仕上がります。

「雲」や「黒の半球に映る雲」の撮影

● 準備！　テンプレートの作成にあたって（写真部分作成時のちょっとしたコツ）。

　テンプレートの写真をドラッグ＆ドロップで変えられるようにするには、写真部分を「メディアプレースホルダ」として定義しておく必要があります。メディアプレースホルダとして定義すると、レイアウトがくずれません。

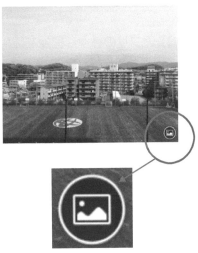

メディアプレースホルダのマーク

　Mac のソフトウェアである Pages の場合、写真を選択して「フォーマット→詳細→メディアプレースホルダとして定義」とします。

　「メディアプレースホルダ」になると、写真のところに上のようなークが入るので、それで「メディアプレースホルダ」になっていることが分かります。なお、Windows にも同様の機能があります。

初級編のポイント！

　　雲の観察は、様々な雲の様子を見させたいので3、4回行うことになります。
　　こうした地球領域の、**時間的な変化を何度も見る活動**では、写真や動画により記録するといいですね。

　　1回目の記録は丁寧に時間をかけて指導しましょう。その後は同じことの繰り返しとなるため、休み時間等を利用し、子どもだけで活動することが可能です。

5 中級編：工夫してデジタル観察カードにまとめよう

活用場面	結果の処理 ⬇ 考察	ICT活用	描画	結果を整理する

◆ICT アプリの様々な機能を活用して、観察カードを表現豊かに作成します。

　児童に提示した「テンプレート」に、児童自身が撮影した写真をはめ込み、テキストを入力すればとりあえず観察記録は完成します。

　けれども、アプリには多くの機能があるので、それを使えばより分かりやすい観察記録（まとめ）ができると伝えます。

デジタル観察カードの作成

　提示する機能（表現方法）としては、「音声による説明の挿入」「手書きのアニメーション」「1つの枠に複数枚の写真を入れるギャラリー機能」「写真そのものへの加工」などがあります。

　これらの機能（表現方法）は、そもそも知らないと使えませんが、教えてもらったからといって必ずしも使わなければいけないものではありません。

　仕上がったものは、デジタルブック形式にしたり、スライドショー（動画）として書き出したりできることを説明します。

　iPad の場合、Pages というアプリを使うとデジタルブックを作成できます。スライドショー（動画）にするには Keynote というアプリで作成する必要があります。

デジタル観察カードへの音声の挿入・写真の加工

中級編のポイント！

　「デジタルならでは」の機能を有効に活用することで、多様な表現が可能になります。表現力を高めることは深い学びにつながりますね。

　「観察カード」として作成しますが、「デジタルブック」にしたり「スライドショー（動画）」にしたりできることも知っておくといいですね。

6 ▷ 2つの活用例の特色

- 今回の初級編、中級編の活用は、いずれも「**結果のまとめ方**」です。ただ、それぞれの活用方法は少し意味合いが違っています。

- 初級編では、**従来、紙ベースで作成していた観察カードを情報端末に置き換えて作成する**イメージです。デジタル化することで、ICT の活用の便利さを児童自身に実感してもらうことをねらっています。

- 中級編では、「デジタルならでは」の様々な技法を取り入れることで表現の幅も広げています。児童は、**クリエイティブな表現を意識し、表現することの楽しさを実感できます。また、自分の技量に合わせて、表現方法を選択できる**というよさもあります。

- 定点での「観察日時の異なる雲の様子」を 1 つのデジタルカード（動画）にまとめることは、地球領域特有の「長い時間的な変化」への理解を深めます。

コラム ● 私の活用術

「くもろぐ」アプリの活用

　「くもろぐ」という便利なアプリがあります（iOS と Android 両方であります）。自分の撮影した雲の写真をこのアプリに読み込ませると、雲の名前を教えてくれます。5 年生では、雲を同定できる力をつけることは求められてはいません。けれども、**雲の名前を知ることは、雲に対する関心を高めることにつながります。**また、雲の名前が分かると、その雲の特徴の理解も深まります。　使い方はとても簡単なので、児童もすぐに使えるようになります。全員が使う必要はないので、まとめが早くできた児童や興味のある児童

に使わせてみるといいでしょう。

ICT 活用での入力方法の柔軟性

　端末操作に慣れないうちは、紙ベースでの作成よりも時間がかかるのが普通です。その主な原因はローマ字入力に手間取るからで、そのために気づきの量（文章の部分）が手書きより少なくなることも往々にしてあります。けれども、ICT の活用では、**そうした時期はどこかで必ずあるので気にすることはありません。**もし、気になるようなら、かな入力、フリック入力をさせてもよいし、入力そのものを諦めてタッチペンによる手書きで対応するのもよいと思います。最近、私のクラスでは音声入力する児童もいます。最初は、児童がキーボード入力しないことへの私自身の抵抗感があったり、教室で何人もが音声入力するとうるさくなったりしてさせてはいませんでした。けれども、活動場所が確保できるのなら、音声入力もよいと考えています。ICT を活用する目的はキーボード入力ではありません。**学習で ICT を活用するときは常に、「その活用の目的は何か」を意識したいものです。**

地球領域

事例 **03** 小学校第6学年 「**月と太陽**」

> **本事例のICT活用！**

まず使ってみる	：「モデル実験の月」を写真に撮ってみよう
初級編	：モデル実験の記録をまとめよう
中級編	：AR（拡張現実）を用いて視点移動を実感しよう

1 単元について

学習指導要領における本単元の位置づけは次の通りです。

（5）　月と太陽

　　月の形の見え方について、月と太陽の位置に着目して、それらの位置関係を多面的に調べる活動を通して、次の事項を身に付けることができるよう指導する。

ア　次のことを理解するとともに、観察、実験などに関する技能を身に付けること。

　（ア）　月の輝いている側に太陽があること。また、月の形の見え方は、太陽と月との位置関係によって変わること。

イ　月の形の見え方について追究する中で、月の位置や形と太陽の位置との関係について、より妥当な考えをつくりだし、表現すること。　　　　　（文部科学省、p.109）

　月と太陽の位置に着目して、これらの位置関係を多面的に調べる活動を行います。そして、月の形の見え方と月と太陽の位置関係についての理解を図ります。また、観察、実験などに関する技能を身に付け、主に、**より妥当な考えをつくり出す力や主体的に問題解決しようとする態度**を育成することがねらいとなります。

　本事例では、発泡スチロール球と実験用ライトを使ったモデル実験の様子を静止画で撮影し、実際の月の写真との比較を通して、**月の見え方を多面的に考察できる**ようにします。さらに、月の見え方の追究手段として AR（拡張現実）アプリを活用して、**より妥当な考えをつくり出す**ための手立てとしています。

2 単元計画と ICT の活用場面

　本単元の単元計画と ICT の活用場面は次の通りです。次節以降、具体的な ICT の活用の仕方について述べます。

学習指導案 |||||||||||||||||||||||||||||||||||||||||||||||||

〈単元計画とICTの活用場面案〉

時数	学習内容
2	・「上弦の月」あるいは「下弦の月」を実際に観察し、月と太陽の位置関係を調べる。
2	・月と太陽の位置の関係によって月の形がどのように見えるか、モデル実験を行って調べる。
2	・月の形の見え方が日によって変わる理由をまとめる。
1	・月の表面の様子など、月を詳しく調べる。

まず使ってみる
観察、実験　静止画
結果を記録する

初級編
結果の処理 → 考察　整理
結果を整理する　結果を共有する

中級編
結果の処理 → 考察　AR
認識を深める

---

3 まず使ってみる

| 活用場面 | 観察、実験 | ICT活用 | 静止画　結果を記録する |

モデル実験で、自分（地球）から見た月の形を写真に撮って記録させ、その写真に簡単な書き込みも入れさせよう。そうすれば**実験が終わった後でも、どんな風に見えたか思い出しやすくなる**んじゃないかな。

◆「月の形」は、どの位置から「光の当たっている部分」を見るかによって決まります。「実験用ライト」を太陽に、「発泡スチロール球」を月に見立て、**「発泡スチロール球の、光の当たっている部分」**を様々な位置から観察します。

　モデル実験で使う電灯は、強めの光が出るライトにしましょう。発泡スチロール球（月）は、ある程度の大きさ（直径15 cmぐらい）があるほうが見やすく、また、発泡スチロール球は手で持つより、三脚などに置くほうが撮影しやすいです。

　実験中の写真は、

①　「ライト」と「発泡スチロール球」が同時に映ったもの（全体）

②　見えている月の形

の2枚を必ず撮ることを指導しましょう。

　8方位ぶん撮れなかった場合は、実験方法は理解したものとして、他の班のデータのコピーをもらうようにするとよいでしょう。

実験用ライト（太陽）と発泡スチロール球（月）

実験用ライトと発泡スチロール球を同時に映す（全体）

実験用ライトに照らされた発泡スチロール球（三日月）

観察カードへ記録するより、写真を撮るほうがその時々の記録時間が短くできますね。撮った写真に矢印など簡単な書き込みを入れておくというのもよいです。見るべきポイントが後から振り返りやすくなります。

　　地球領域は空間のスケールが大きいために、理解が難しかったり、イメージが掴みにくかったりします。モデル実験は、空間のスケールを小さくして、その事象の本質部分の理解やイメージを深めるためのものです。記録した写真をうまく活用して、まとめ方を工夫したいですね。

4 初級編：月のモデル実験の記録をまとめよう

| 活用場面 | 結果の処理
↓
考察 | ICT活用 | 整理 | 結果を整理する | 結果を共有する |

◆実験して分かった8方位（A〜H）の月の形（見え方）を、「**宇宙視点の太陽と月と地球**」の図と関連付けてまとめていきます。

　「**宇宙視点の太陽と月と地球**」のスライドと「**モデル実験の満月と実際の満月の写真**」のスライドを事前に作成しておきます。

　それらのスライド間には、リンクも張り付けておきます。まずは、それを提示します。

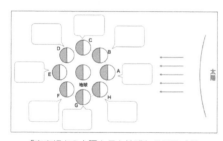

「宇宙視点の太陽と月と地球」のスライド

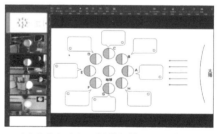

まとめ方のイメージを持たせるための全体像

　まとめ方のイメージを理解したところで、「リンクの挿入・編集」の仕方と「**もどるボタン**」の作成を説明します。

　提示したスライドを配布し、コピーして書き換えていくことで「記録のまとめ」を作成するように指示します。

　もちろん、コピーの書き換えでなく最初から自分で作成できる児童には、自由に作成させるようにします。

モデル実験の満月と実際の満月の写真

●スライド間のリンクの張り方（Keynote での設定方法）

　全体図の８方位の箇所すべてにリンクを張ります。

　「それぞれの月のスライド」には、必ず「もどる」ボタンを作成して、そのボタンをタップすると、全体図のスライドに戻るようにします。以下、操作を説明します。

① 　リンク元の図形を選択して右クリック
② 　「リンクを追加」を選択し「スライド」をクリック
③ 　リンク先のスライド番号を設定
④ 　「もどる」ボタンを図形描画で作成
⑤ 　④の「もどる」ボタンに、「最初のスライド」のリンクを追加

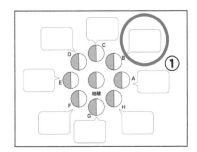
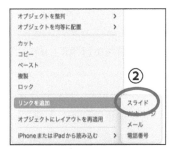
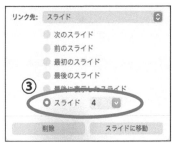
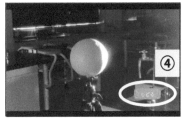

　これは iPad の Keynote アプリの説明ですが、Google スライドなど、他のスライドのアプリにも同じ機能はあります。それぞれのアプリで確認してください。

初級編のポイント！

> 　ここでの活用は、**スライドアプリのリンク機能を使った結果のまとめ方**の一例です。
> 　まず**全体像を示して、詳しい説明はリンク先**のスライドで行うというまとめ方です。

> 　このようなまとめ方は、5 年生の「花のつくり」や 6 年生の「体のはたらき」などでも使え、とても応用がききます。

5 中級編：AR（拡張現実）を用いて視点移動を実感しよう

活用場面	結果の処理 ⬇ 考察	ICT活用	AR 認識を深める

◆光の当たっている部分（月の形）は、どの位置から見るかによって違っていることを、AR アプリを利用して確かめます。

　月の満ち欠けの学習内容では**視点移動**を伴った理解が必要です。モデル実験を行うのもその理解やイメージを深めるためですが、AR を活用すればモデル実験ではできない視点移動のシミュレーションができます。

　ここでは、「**月の満ち欠け AR＋Jr**」アプリを紹介します（iOS、Android）。

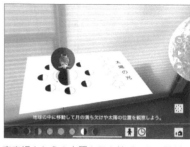

宇宙視点からの太陽と月と地球の位置関係を示している様子（下弦の月）

アプリの使い方を簡単に説明した後に

① 画面上に月と地球と太陽を配置して、**宇宙視点**からの月の見え方（どれも半月）

② 地球の中に移動して、**地球視点**からの月の見え方（様々な月の形）

を観察させます。この活動は、空間的な見方をはたらかせることにつながります。

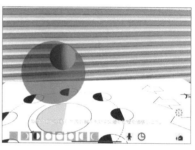

地球視点からの月がどのように見えるかを示している様子（上弦の月）

　この①、②をスクリーンショットしたり、画面収録したりして記録し、その画像や動画を、初級編のようにスライドでまとめるという活用方法も考えられます。そうした活用は空間的な見方やイメージを深めることにつながります。

中級編のポイント！

> 　使い方の説明時間は必要最小限に抑え、**児童がアプリを使える時間を長く確保する**ことが大切です。児童間で教え合って使わせるようにして、先生は必要に応じて**個別対応する**ぐらいがよいですね。

> 　AR アプリの活用は、難しい「視点移動」のイメージを「**感覚的にできるようにするための一手段**」なので、何度も試させるようにしましょう。

6 ▶ 2つの活用例の特色

・初級編は、ノートではできない、ICTを有効に使った「実験のまとめ」での活用です。リンク機能を活用してまとめることで、タップするまでは結果（答え）が表示されないことになります。そのため、学習後には問題集的な使い方もできます。

・初級編で作成するスライドには「モデル実験の月の写真」と「実際の月の写真」を入れています。こうすることで、多面的に考察し、より妥当な考えを作り出すことができます。

・中級編の活用では、「ARアプリ」を使い、何度も手軽に月の見え方のシミュレーションができます。そうすることで、月の見え方のイメージを感覚的につかめるようになることが期待でき、地球領域での空間的な見方の深まりにもつながります。

・初級編はモデル実験ではありますが**実体験ベース**、一方で、中級編は拡張現実の利用で実体験ベースではありません。そのため、中級編はあくまでも**モデル実験を行った上でのプラスアルファの活用**として位置づけて実施するのがよいでしょう。

コラム ● ICT ならではの機能を活かそう

リンク機能は児童に大人気

　スライドを順々に送っていくよりも、タップする箇所にリンクを貼り付けて目的とするスライドに飛ばす操作のほうが児童は好きです。以前は操作がややこしいと思って高学年でしかさせていなかったですが、3年生で試しにさせてみたところ、思いのほか早く使えるようになりました。**早い時期から導入しておくとよい機能**です。

「月の満ち欠け AR＋Jr」アプリの活用

　ここでは「**月の満ち欠け AR＋Jr**」というアプリを紹介しましたが、筆者が実践していたときには中学生向けの「月の満ち欠け AR」というアプリしかありませんでした。「月の満ち欠け AR＋Jr」は**小学生向け**で、小学生にはこちらのほうがよいです。以前は、「地球の中に移動」という機能もありませんでしたが、この機能が付加されて、地球視点からのイメージ化もよりしやすくなりました。

単元に特化したアプリの活用

　アプリには、Word、Excel のような**基本アプリ**と、ここで紹介した「月の満ち欠けAR＋Jr」のようなある**特定の内容に特化したアプリ**があります。内容に特化したアプリはこのアプリのように機能が充実していくこともあれば、OS がアップデートされると使えなくなることもあります。活用時には確認が必要です。

地球領域

中学校第1学年 「火成岩の観察」

静止画　共有　整理

本事例のICT活用！

まず使ってみる	：	火成岩の観察において写真を撮ってみよう
初級編	：	火成岩の観察結果をもとに分類してみよう
中級編	：	デジタルレポートを作成しよう

1 ▷ 単元について

学習指導要領における本単元の位置づけは次の通りです。

> (2)　大地の成り立ちと変化
>
> 　大地の成り立ちと変化についての観察、実験などを通して、次の事項を身に付けることができるよう指導する。
>
> ア　大地の成り立ちと変化を地表に見られる様々な事物・現象と関連付けながら、次のことを理解するとともに、それらの観察、実験などに関する技能を身に付けること。
>
> （中略）
>
> イ　大地の成り立ちと変化について、問題を見いだし見通しをもって観察、実験などを行い、地層の重なり方や広がり方の規則性、地下のマグマの性質と火山の形との関係性などを見いだして表現すること。　　　（文部科学省、p.89 より部分抜粋）

　ここでは、理科の見方・考え方を働かせ、大地の成り立ちと変化についての観察、実験などを行い、地層や火山、地震について理解させるとともに、それらの観察、実験などに関する技能を身に付けさせ、**思考力、判断力、表現力等を育成する**ことが主なねらいとなっています。

　思考力、判断力、表現力等を育成するにあたっては、大地の成り立ちと変化について、問題を見いだし見通しを持って観察、実験などを行い、その結果を分析して解釈し、地層の重なり方や広がり方の規則性や、地下のマグマの性質と火山の形との関係性などを見いだして**表現させることが大切です。その際、レポートの作成や発表**を適宜行わせることも大切であるとされています。

2 ▷ 単元計画とICTの活用場面

　本単元の計画とICTの活用場面は次の通りです。次節以降、具体的なICTの活用の仕方について述べます。

学習指導案

〈単元計画と ICT の活用場面案〉

時数	学習内容
1	・火成岩の観察 　安山岩と花こう岩をルーペや双眼実体顕微鏡を用いて観察し、特徴を記録する。
1	・岩石を粒の大きさや色で並べかえよう 　様々な火山岩や深成岩を準備し、粒の大きさや全体の色で並べかえることで、火成岩の特徴を見つける。
1	・ミョウバンの再結晶実験 　温めて溶かしたミョウバンの飽和水溶液をゆっくり冷やしたものと急に冷やしたものとで比較する。
2	・デジタルレポートを作成しよう 　火山岩や深成岩の特徴についてまとめ、それぞれの岩石のでき方について考察する。

まず使ってみる
観察、実験　静止画
情報を集める

初級編
結果の処理
↓
考察
共有
考えを共有する

中級編
結果の処理　整理　共有
↓
考察、推論
結果を共有する

3 ▶ まず使ってみる

活用場面	観察、実験	ICT活用	静止画	情報を集める

タブレットを使うと簡単に記録が取れるし、その記録を共有できる。まずは岩石の表面の様子がよく分かるようにカメラで撮影するところから始めてみようかな。

◆ 火成岩の観察は実物の岩石標本や研磨標本をもとに行います。その際に静止画を撮影し、観察に用います。

ステップ1：粒の様子（組織）の違い（粒の大きさ、形、粒と粒の境界の様子）を調べる
ステップ2：色の違い（有色鉱物と無色鉱物の割合）を調べる

　ルーペや双眼実体顕微鏡で観察したあと、岩石の表面をタブレットのカメラで撮影します。撮影するときにはものさしなどを一緒に添えて、大きさの比較ができるようにしておきます。

安山岩　　花こう岩

タブレットはピンチアウトすると大きく見ることができます。

標本数が少なくても、写真に撮ることで全員が観察を実行できるようになります。

タブレットにワークシートを置いたりトレーシングペーパーで写し取ることも可能です。

共有　撮影した写真は Google ドライブに保存して友達と共有しよう！

　一人一台端末の利点を活かし、子ども達がしっかりと実物をもとにした観察を行うことができます。

　教師がじっくりしっかり観察してほしいと思うことに**時間をかける**ことができていますね。

　地球領域は観察場面が多く、主体的に観察に参加し、得られた結果を分析・解釈し、その成果を共有したり表現したりする場面が多くあります。ICT は子ども達の能力の向上に効果的です。初級編、中級編で紹介します。

4　初級編：岩石を粒の大きさや色で並べかえよう

| 活用場面 | 結果の処理 → 考察 | ICT活用 | 共有 | 考えを共有する |

◆　観察結果から火成岩の特徴を見いだす授業です。

　この授業では、Google Jamboard を使ってグループ活動を行い、前時の観察結果をもとに火成岩を「組織の違い」と「色目の違い」で**分類**していきます。

　準備として、ワークシートを Jamboard の背景として設定し、そこへ 6 種類の岩石の写真を無作為に並べておきます。子ども達は、それぞれ決められたグループのファイルへアクセスし、活動を行います。

　前時の観察結果をもとに、**ステップ 1** として、粒の様子（組織）の違いで上下に写真を移動させ、**ステップ 2** として、色の違いで左右に写真を移動させます。最後に岩石名と特徴を"付箋"で整理することもできます。

　実物標本を一人 1 つ準備することは難しいかも知れませんが、これなら生徒全員が主体的に活動でき、「火成岩を色の違いや粒の大きさの違いによって分類できるのではないか」といった問題を見いだすことにつながります。

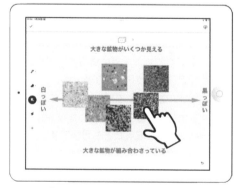

タブレットで岩石の写真を並べるイメージ

前時の授業で、粒（鉱物）の大きさに注目して観察しておく必要があります。

前時の観察で撮影した結果のデータを用いることができます。

観察結果をまとめる観点として、火成岩の組織の違い、深成岩の有色鉱物の割合（色の違い）に着目するようにします。

観察結果を観点をもとに分類、整理し、付箋機能などを用いながら子ども自身で説明を加筆していくとよいでしょう。

これは評価にも使えますね。

> **評価の観点：** 火成岩の色やつくりの共通点や差異点から問題を見いだし、火山岩と深成岩の結晶や組織の違い、深成岩の色の違いについて観察を行い、**火成岩の分類**について、自身でスケッチしたことに加え、**自分の言葉を用いて説明・表現しているかどうか**。

活動している様子

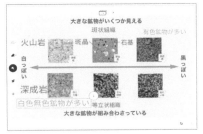

火成岩の並べ替えの例

初級編のポイント！

実物標本をもとに**グループ**で実施してもよいですね。タブレット上での作業は、自分自身の表現を示せ、また考えを共有することもできます。

ICT の活用で、結果をデータで残しておくことができ、必要なときにすぐに取り出せ、振り返ることができます。

5 中級編：デジタルレポートを作成しよう

活用場面	結果の処理 →考察・推論	ICT活用	整理 共有 結果を整理する

◆この単元の最後に、ここまでの学びについてデジタルレポートを作成してまとめていきます。火成岩のつくり、分類、ミョウバンの再結晶実験から、火成岩のでき方まで考察することができます。

単元を通して観察、実験結果をデジタルで残してきた情報も使えます。紙の内容も写真に撮るなどして使うことが可能です。

　Word、Pages、Keynote、Googleドキュメント、Googleスライドなど、色々あるけど、どれを使おうか。
　オンラインで添削ができるようにしたい。最初だからテンプレートも必要かなぁ。

　画像の添付やレイアウトがしやすいのは、プレゼンテーションアプリですね。今回はGoogleスライドを使ってみましょう！
　Googleドライブに提出するとみんなで共有できますが、**Classroom**に提出すると、他人の提出物は見ることができなくなります。

● デジタルレポートのテンプレート例

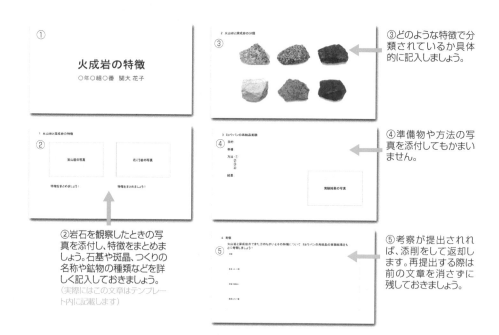

③どのような特徴で分類されているか具体的に記入しましょう。

④準備物や方法の写真を添付してもかまいません。

②岩石を観察したときの写真を添付し、特徴をまとめましょう。石基や斑晶、つくりの名称や鉱物の種類などを詳しく記入しておきましょう。
（実際にはこの文章はテンプレート内に記載します）

⑤考察が提出されれば、添削をして返却します。再提出する際は前の文章を消さずに残しておきましょう。

　デジタルレポートを活用すると、**単元を通した学び**をまとめることができます。ICTを用いた観察や実験を記録しておけば、振り返るときの資料も**データ**になっていて便利です。紙で残っている資料もカメラ機能などで簡単に取り込めます。

中級編のポイント！

　ICTを活用すると、今までの観察、実験結果、考察を効率的に**取り出す**ことができますね。自身の学びを簡単に**振り返る**こともでき、自分の報告だけではなく、他者の成果も閲覧して学びを交流し、深めたり広げたりしていくことができ、対話的な学びが促されます。

・今回の初級編、中級編の活用は、観察やスケッチ、そして岩石の並べ替えなど、これまで実物で行ってきたものです。そのため、単元のねらいは大きくは変わりません。ですが、ICTを活用することで、**場所や時間を選ばず**、**一人ひとりが納得**がいくまで観察をしたり、作業を続けたりすることができるようになり、子ども達にとって、効率よく効果的に学習することが可能になります。

・初級編では、カメラで撮った岩石の表面の画像をピンチアウトで簡単に大きく表示したり、**いつでもどこでも簡単**に観察した岩石を見て復習することができます。また、各自の端末でも観察することができますので、1セットの岩石が配られてグループで観察する活動に比べて、一人ひとりの観察する時間を多く取ることができ、主体的な活動や問題を見いだす活動にもつながります。

・中級編では、デジタルレポートを作成することによって、子ども達が簡単に学びを振り返ることができることに加えて、授業者がレポートを添削・評価することや、子ども達が添削されたレポートの修正を行うことが簡単になります。ここでは、火成岩の成り立ちについて、マグマが冷え固まる時間スケール（数十万～数百万年）や、固まる深さ（マグマだまりの深さ）にも触れ、地質学的な**時間的、空間的概念**も取り入れると、より深い学びへとつながります。Google Classroom で提出させた場合には、レポートの提出、授業者からのコメント、評価、レポートの返却があったときに逐一通知が届くので、一人ひとりの子ども達と多くのコミュニケーションを取ることができるようになります。

コラム ● 失敗を恐れずに

　初めて ICT を活用するときには、撮影の仕方や保存の仕方に加え、斑晶や等粒状組織を分かりやすく撮るための方法や、撮った写真を分かりやすく並べる方法など、細かく指導してしまいがちですが、**ICT だからこそ、指示はなるべく少なめにして、子ども達に自由に活動させてみてはいかがでしょうか**。写真はたくさん撮って、その中から授業の目的に沿ったものを選択するのも学習ですし、どのように写真を並べれば分かりやすく整理できるか、友達のものと見比べて子ども達はどんどん成長していきます。ICT だからこそ、子ども達は簡単に修正することができ、**失敗を恐れずに活動を続けていく**ことができます。

　ここで紹介した事例では結果を気にせず、まずは子ども達にたくさん ICT に触れさせてみてください。その中から、子ども達自らが授業者では予想できなかったような使い方を見つけ出し、結果的により**深い学び**へとつながることはよくあることです。

地球領域

中学校第3学年「月や金星の運動と見え方」

本事例の ICT 活用！

まず使ってみる	月の模様はどう見える？
初級編	月の動きと見え方のモデル実験
中級編	金星の動きを動画でまとめてみよう

1 単元について

学習指導要領における本単元の位置づけは次の通りです。

> (6) 地球と宇宙
>   身近な天体の観察、実験などを通して、次の事項を身に付けることができるよう指導する。
> ア　身近な天体とその運動に関する特徴に着目しながら、次のことを理解するとともに、それらの観察、実験などに関する技能を身に付けること。
> (中略)
> イ　地球と宇宙について、天体の観察、実験などを行い、その結果や資料を分析して解釈し、天体の運動と見え方についての特徴や規則性を見いだして表現すること。また、探究の過程を振り返ること。　　　　（文部科学省、pp. 92-93 より部分抜粋）

この単元では、理科の見方・考え方を働かせ、身近な天体の観察、実験などを行い、その観察記録や資料などをもとに、地球の運動や太陽系の天体とその運動の様子を関連付けて理解させるとともに、それらの観察、実験に関する技能を身に付けさせ、**思考力、判断力、表現力等を育成する**ことが主なねらいとなっています。

思考力、判断力、表現力等を育成するにあたっては、地球と宇宙について、見通しを持って観察、実験などを行い、その結果や資料を分析して解釈し、天体の運動と見え方についての特徴や規則性を見いだして表現させるとともに、**探究の過程を振り返らせる**ことが大切です。その際、**レポートの作成や発表を適宜行わせることも大切**であるとされています。

2 単元計画と ICT の活用場面

本単元の単元計画と ICT の活用場面は次の通りです。次節以降、具体的な ICT の活用の仕方について述べます。

学習指導案

〈単元計画と ICT の活用場面案〉

時数	学習内容
1	・月の模様はどう見える？ 　月の画像データを配布し、タブレットの手書き機能を使って、月の表面に模様を描き、交流する。国による見え方の違いも紹介する。
2	・月の動きと見え方のモデル実験 　太陽と月に見立てたボールを設置し、地球から月を見たときに、どのような形で見えるかをモデル実験する。
1	・金星の動きと見え方のモデル実験 　太陽と金星に見立てたボールを設置し、地球から金星を見たときに、どのような大きさ、形で見えるかをモデル実験する。
2	・金星の動きを動画でまとめてみよう 　モデル実験の結果から、数十秒程度の動画を作成し、金星の動きと見え方をまとめる。

まず使ってみる

自然現象への気づき　描画　事象をつなげる

初級編

結果の処理 → 考察　静止画　結果を整理する

中級編

結果の処理 → 考察、推論　動画の作成　結果を整理する

3　まず使ってみる

| 活用場面 | 自然現象への気づき | ICT活用 | 描画　事象をつなげる |

> タブレットの手書き機能を使って、月にお絵かきさせてみよう！　生徒それぞれ違った見方をするから、月への関心も高まるかも知れない。

◆この授業では、小学校 6 年生で学習した月の表面の復習もかねて、月の模様をトレースします。月の表面にはマグマが噴き出して固まった玄武岩が黒っぽく見えることが原因で、例えば日本では「うさぎの餅つき」に見えることを提示し、一人ひとりのタブレットに月の画像を配信して、**手書き機能**を使って、月の表面がうさぎ以外にどのように見えるかを描きます。

オリジナルの模様が描けたら、**グループやクラスで発表**します。

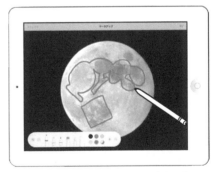

タブレット上でトレースするイメージ

 作成した画像はGoogleドライブに保存して友達と共有しよう！

> ICTを活用したお絵かきは、簡単に何度も描き直すことができるので便利です。また、一人が複数の模様を描くことも可能です。

地球領域は、天体、地層、気象など、授業中に実際の事物や現象を観察することが非常に難しいものが多く、子ども達が日常生活において興味を持って観察することが大切になってきます。

この授業は、子ども達が夜空を見上げて月をじっくり観察することにもつながりますね。

4 初級編：月の動きと見え方のモデル実験

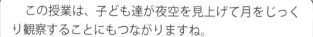

活用場面	結果の処理 ↓ 考察	ICT活用	静止画	結果を整理する

小学校の復習もかねて、太陽と月に見立てたボールを置いて、地球からの月の見え方を調べるモデル実験をやってみよう。タブレットで写真や動画を撮ると、理解しやすくなるんじゃないかなぁ。

◆この授業では、月の動きと見え方について、太陽に見立てた照明と、月に見立てたボールを用いた**モデル**を作成し、どのように見えるかを実験します。

　まず、黄色のボールを8個用意します。教室の中央に地球があると仮定して、8個のボールを配置します。教室のカーテンを閉めて暗くし、太陽になる照明から光を当ててボールを照らします。

　子ども達は8個のボールの中央に立ち、タブレットのカメラ機能を使って、それぞれのボールを撮影していきます。そのとき、月の公転の向き（反時計まわり）に回転しながら撮影すると、**月の見え方の変化**が理解できます。

　照明が準備できないときは、半分だけ色を変えたボールを使っても同様のモデル実験ができます。

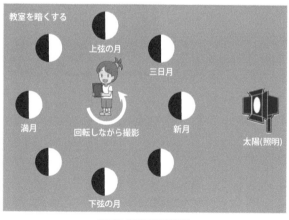

モデル実験装置の配置

教室の様子

撮影した写真

モデル実験では、月が地球のまわりを公転することで日ごとに見え方や見える時間が変化すること、地球が自転することで月の見える位置が変化することが分かります。

　ステップ１として、太陽、月、地球の位置関係と月の見え方に注目して撮影した画像から考察します。

　ステップ２として、撮影者の回転を地球の自転に見立てて撮影することで、月の見え方から、見える時間帯や方角を決定することができます。ステップ２は動画で撮影するとよりイメージしやすくなります。

ボールより写真を見たほうが月の形を認識することができます。

初級編のポイント！

　この授業では、太陽、月、地球の位置関係が変わることによって、月の見え方が変化することに加え、月は見える形によって見える時間や方角が決定することを体験的に学習することができます。ここで、結果を撮影するだけに終わらせず、必ず**発表やレポート**などで**まとめ**をすることも大切です。

　月食や**日食**についても併せて学習することができます。そして実際に**観察してみる**ことが大切ですね。

5　中級編：金星の動きを動画でまとめてみよう

活用場面	結果の処理 ↓ 考察、推論	ICT活用	動画の作成 結果を整理する

◆この単元の最後に、**金星の動きと見え方のモデル実験**の結果から動画を作成することで、ここまでの学びをまとめていきます。

　月のモデル実験と同じように金星についてのモデル実験を行い、地球から金星を見たときにどのように見えるかを撮った写真や、そのときの地球、金星、太陽の位置関係を俯瞰的に見た写真（実験結果）を精査して順番に並べ、その動画に音声をアフレコで入れる作業は、学習した内容を**整理する**のにとても有効な方法です。

モデル実験の結果の整理に加えて、学習したことをもとに動画を作成することによって、学びが深まるとともに、のちに学習を振り返るときにも活用できます。

地球から金星を見た写真

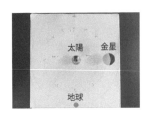

地球、金星、太陽の位置関係

● iMovie での編集

地球、金星のモデル、公転位置の台紙を準備し、金星を公転させながら撮影していきます。

次に iMovie に撮影した写真を公転の順に置いていきます。1コマの時間などは自由に設定できますので、発表時間に合わせて設定してください。

写真が並べば、解説のアフレコを入れて完成です。

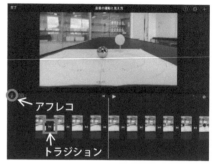

公転位置の台紙

写真と写真の間はディゾルブなどのトランジション（画面の切り替え）を使用するとスムーズな動画になります。右図の◯をタップすると簡単にアフレコを入れることができます。

← アフレコ

↑ トランジション

iMovie の編集画面

● Keynote での編集

Keynote で編集したものにもアフレコを入れることができます。Keynote で編集すれば上から見た写真をワイプとして挿入するなど、動画をアレンジすることができます。また、大きさ比較の写真を並べて直線を引くことで見える金星の大きさも比較することができます。

ワイプを挿入した例

大きさ比較の写真を並べた例

中級編のポイント！

「太陽、金星、地球の位置関係によって、金星の見える形や大きさが変化することが分かるような動画を作成する」という目的さえ設定しておけば、あとは生徒の自由な発想で動画作成させるのも面白いかも知れませんね。

6 ▶ 2つの活用例の特色

・初級編、中級編の活用は、子ども達にとってイメージしにくい事象や現象をデジタル化することで、より明確な結果としてまとめにつなげていくことができます。また、動画作成というまとめの方法は、より学びが深まり、知識の定着へとつながります。

・初級編での活用は、実験結果をカメラで撮ってデジタルデータを見ながら考察をしていく方法で、どの分野の観察や実験でも活用ができます。中でも特に地球領域の**天体分野**で「**見え方**」を学ぶときには有効です。中学校3年生では、抽象化や視点移動など、発達段階に応じた思考力が求められています。この授業では、ICTを活用することで、太陽、月、地球の位置関係によって月の見え方が変化することや、月は見える形によって見える時間や方角が決定することなどの**時間的や空間的な概念**を取り入れつつ、思考力を育成していくことが可能となります。

・中級編では、アウトプットを重視した活用となります。子ども達は学んだことをどのように**表現すれば他者へ伝わる**のか、試行錯誤しながら学習していきます。このように学習のまとめとして動画を作成する方法は、天体分野だけでなく、多くの情報が含まれる自然現象を説明するときに活用すれば、子ども達にとって深い学びへとつながります。特にこの授業では、地球から見える金星の形について、そのときの地球、金星、太陽の位置関係を**俯瞰的**に見ながら考察するといった高度な思考力が必要となり、動画作成は非常に**有効な手段**となります。

コラム ● 私の活用術

　作成した動画に解説をアフレコで入れるには、まず動画の時間をもとに読み原稿を作成しなくてはいけません。ここには、学んだことを**正しい言葉**で**正しく説明**するという非常に大切な学びがあります。

　次にその原稿を動画に合わせて読む練習をします。自分が作成した原稿であってもなかなか上手に読むことができず、何度も練習をする必要があります。また、動画の時間より短かったり、長かったりすることで原稿を修正する必要もあります。

　いよいよアフレコの本番、実際にテイク1で成功することは珍しくテイク2、3と何度も録り直しをすることになります。ようやく完成した動画は何度も見返して最終チェックを行います。

　この過程において、子ども達は学んだ内容について、何度も**インプット**と**アウトプット**を繰り返し、**確実に知識として定着させる**ことができるようになります。教科書を読んで、ノートにまとめることと同じ作業を**より楽しくより丁寧に**できるのがアフレコを入れた**動画作成の特長**なのです。

Google Classroom を活用しよう！

① Google Classroom っていったい何？

Google Classroom とは、教師が児童生徒とクラス単位で円滑にコミュニケーションをとりながら、学習内容を管理運営するアプリです。例えば、Google Classroom 上での宿題や課題の提出や、提出物のフィードバックや採点機能を用いたチェック等ができます。ここで使用されているストリームとは Google Classroom 内で使用できるクラス専用の掲示板のことで、共有情報の閲覧等が可能になります。

図1

② まずログインしてみよう！

まず「役割を選ぶ」から「私は教師です」を選択してクラスの作成を行います。右上の「＋」記号をクリックして「クラスを作成」に進み、クラス名を入力します。その他の表示は省略可能ですので右下の「作成」をクリックします。

次に児童生徒のクラスへの招待です。教師が入力することもできます（図1）が、教師側の画面に表示されるクラスコード（図2の○印）を児童生徒に知らせ、児童生徒にクラスコードを入力させると、自動的にメンバーに追加されます。それでは画面の「ストリーム」をクリックします。

図2

③ Google Classroom のストリームへ写真をアップロードしよう！

Google Classroom のストリームへ撮った写真を提出させましょう。提出は、一度 Google ドライブに撮った写真をアップロードして、ストリームで再度写真をアップロードしていきます。以下にその手順を記します。

ドライブ

1. Google ドライブの右のアイコンをクリックで開きます。
2. 写真を入れるフォルダをマイドライブの中に作ります。
   右の「新規」アイコンをクリックし、さらに一番上の「フォルダ」をクリックして、フォルダに名前を付けます。

3. 次に写真を選び、フォルダにアップロードします。
   再度「新規」アイコンをクリックし、さらに「ファイルのアップロード」を押して、提出する写真を選んでアップロードします。
4. 授業の Classroom のストリームの画面に戻ります。
5. 「クラスへの連絡事項を入力」と書いてあるところに撮影者の名前や班の番号を入れます。
6. 入力画面左下のマーク（右図）を選択し、アップロードする写真を選んでアップロードします。

④ 共有された写真を全員で見てみよう！

アップロードが完了したら、児童生徒のタブレットでそれらの写真が共有されます。授業では、アップロードの仕方を大型 TV やスクリーンに映して確認させるとよいですね。

Google アプリ系（スプレッドシート、Jamboard、スライド、レンズ）

Google では様々なアプリが提供されています。例えば Gmail も Google の提供するメール送受信用アプリです。ここでは、事例の中で用いられている**4つのアプリ【スプレッドシート、Jamboard、スライド、レンズ】**について簡単に紹介します。

Google アプリの教育利用におけるメリットの1つは、複数人でファイルを共有したり、同時に入力などの編集をしたりすることができる点です。Google アプリはクラウドベースであり、みんなで同時に同じファイルにアクセスすることができ、リアルタイムに内容の共有や編集をすることが可能です。また、ここで紹介するアプリを Google Classroom などで配信すると、課題を提出させたり、添削を返したり、評価を付けたりすることができます。

それらの使い方の要点について見ていきましょう。

① Google スプレッドシート

このアプリは表計算ソフトであり、マイクロソフトでいうと Excel に相当します。授業で Google スプレッドシートを用いることで、**各班や個人の観察や実験のデータの入力やグラフ化がリアルタイムで**可能となります。また、Excel と互換性があり、Excel のファイルを Google スプレッドシートに変換したり、Google スプレッドシートを Excel に変換したりすることができます。

例 中学校1年生「状態変化と温度」

エタノールを加熱して、その温度変化を測定するとき、スプレッドシートに入力すると、簡単にグループで共有することができます。入力係の生徒が測定した温度を入力すると、リアルタイムで他の生徒のタブレットにも表示されます。

このスプレッドシートのひな形は授業者がグループごとに作成しておき、Classroom に添付して配信すれば、生徒たちは簡単に使用することができます。

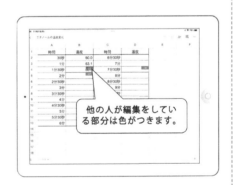

他の人が編集をしている部分は色がつきます。

スプレッドシートの画面

---

② Google Jamboard

このアプリはみんなで使えるホワイトボードのようなものです。物理的な作業を各自の端末から行い、**リアルタイムに双方向でそれらの作業経過や結果を共有する**ことができます。グループの中で、分類や並べ替え、意見を出し合ったり整理したりするときに使います。

例 中学校1年生「動物の分類」

　動物の分類の枠を背景として設定し、生徒たちは、「子の生まれ方」「呼吸」「体表」「具体例」の枠の中に、付箋機能を使って入力していきます。付箋の色は自由に変えることができます。また、このワークスペースに手書き機能で図や文字を書いたり、写真を添付することもできます。

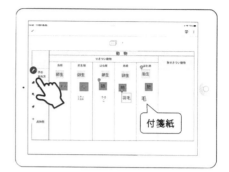

Jamboard の画面

---

③　Google スライド

　このアプリはプレゼンテーションソフトで、マイクロソフトでいうと PowerPoint に相当します。**授業の単元まとめの発表のとき、静止画だけでなく動画やアニメーションなどで表現することで、他者へ分かりやすく伝える**ことができます。また、PowerPoint と互換性があり、PowerPoint のファイルを Google スライドに変換したり、Google スライドを PowerPoint に変換したりすることができます（2022年4月現在、タブレット版ではアニメーションは編集できません）。

例 中学校1年生「凸レンズによってできる像」

　光が凸レンズを通って、実像や虚像ができるときの、光の進み方を Google スライドを使って説明します。ワークシートの画像を各スライドに挿入し、1つのスライドごとに光の道筋を入れていきます。スライドのページ数などは発表の時間に合わせて設定しておくとよいです。

　発表原稿を作成し、グループやクラスで発表し、授業のまとめとすることができます。

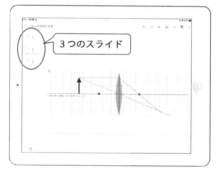

Google スライドの画面

---

④　Google レンズ

　「分からない」を解決してくれる万能にして最強のアプリです。しかし、残念ながら完全ではありません。とにかく使ってみることです。簡単な紹介は https://lens.Google/intl/ja/ を参照してください。スマホに Google アプリが入っていれば、検索窓の右端にあるカメラマークを押すと Google レンズが使えます。Google レンズのアプリも提供されています。

iWork アプリ（Pages、Numbers、Keynote、iMovie）

iPad に最初から入っているアプリです。文章作成アプリの **Pages** はマイクロソフトでいうと Word、表計算アプリ **Numbers** は Excel、プレゼンテーションアプリの **Keynote** は PowerPoint のようなもので、いずれも画像やグラフなども簡単に編集することができます。作成したファイルを Office ファイル（Word、Excel、PowerPoint）に変換することもできます。これらの iWork アプリは使い方が同じであり、1 つのアプリを使えるようになれば、他のアプリも簡単に使うことができます。**iMovie** は動画や静止画から簡単に動画を作成できるアプリです。授業のまとめを表現する活動で使うことができます。

① Keynote

Keynote には**プレゼンテーションを作るためのあらゆるツール**が用意されています。シンプルな操作方法になっているので、図やグラフの挿入、写真の編集などの使い方も簡単です。また、Apple Pencil を使ってイラストを描くことができるなど、自由に表現することができます。Apple ID を持っている者同士なら共同製作も可能となり、グループで同時に作業することができます。Mac、iPad や iPhone はもちろんのこと、Windows パソコンでも共同作業に加わることができます。

プレゼンテーションの作成は容易なので、ここでは別の使い方を紹介します。Keynote は図の挿入や編集が簡単ですので、アートを作成することもできます。例えば、光の反射の単元で、万華鏡のしくみを考えるときに万華鏡で見える世界を Keynote で表現することができます。野草観察のときに撮影した野草の写真を使って万華鏡の世界を作り、クラスみんなの作品を展示しても面白いですね。

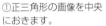

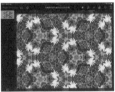

①正三角形の画像を中央におきます。
②この三角形の中を野草の写真に変更します。

③野草が背景になった三角形をコピー＆ペーストして 2 つにします。
④ペーストされた三角形を反時計回りに 60°回転させます。

⑤隣の三角形は鏡に映っているので左右を反転させます。
⑥同様に三角形を増やしていきます。隣同士は左右反転させていきます。

⑦一通り増やしていくと六角形ができます。
⑧六角形をコピー＆ペーストして、画面一杯に写真を貼り付けると完成です。

② iMovie

iMovie を使えば、編集があまり得意でない人でも、**本格的な動画を作成する**ことができます。観察や実験の結果を静止画や動画で撮影しておき、それをプロジェクトに追加して、表現したい順番に並べるだけです。シーンの切り替えを選べたり、BGM を挿入したり、自分でアナウンスの音声を入れたり、再生速度を速くしたり、遅くしたり、自由に編集することができます。単元の最後に各自が作った動画の視聴会でまとめると楽しく学習することができます。「**地球領域の事例 5**」でも紹介しています。

第3部

ICTが拓く
新しい授業のかたち

第1章　ICT 活用とこれからの理科教育

1 ■ ICT 環境によって学び方が変わる・変わらない？

　これからの理科教育の在り方を考える際、何年後を想定しての在り方か、さらに現在を起点として実現可能なものか、それとも願望に近いものかによって捉え方は違ってきます。また、在り方には学習内容の吟味も含まれるのか、学び方（学習スタイル）に限ってのことかによっても異なります。ここでは、比較的イメージしやすい10年後あたりに設定し、また、取り組み可能な範囲で考えることにします。さて、理科の学びにおける ICT 活用といえば、いくつかのキーワードが心に浮かびます。思いつくままにあげてみると、「教育のグローバル化、AI（ビッグデータ）、<u>道具としての ICT（一人一台端末)</u>、<u>ICT 環境の整備（インフラ整備)</u>、デジタル教科書、CAI から CAL へ、<u>授業形態の変化</u>…」、これとても人によって随分と異なってきます。

　ここでは下線部に着目してみましょう。ICT 機器を「教えの、そして、学びの**道具**」として捉えることは、その整備状況と合わせて、授業のスタイル（児童生徒にとっては学びのスタイル）に大きな影響を与えることは容易に想像が付きます。道具によって、仕上がりもまた左右されるのです。

　右の図は、ICT 機器の整備状況によって授業のスタイルが変化する様子を表したものです（第2章より抜粋加筆）。授業のスタイルの変化は、児童生徒の学習活動に変化をもたらすだけでなく、例

えば反転授業のように、学習内容そのものの構成や教師の関わり方にも影響します。

　令和3年4月の中央教育審議会答申では、学習指導要領改訂に向けて「**個別最適な学び**」と「**協働的な学び**」という2つの学びが取り上げられました。この2つの学びは、これらを結びつける「道具」としての ICT の捉え方、また活用の仕方に大きく依存します。教員の ICT の活用の仕方については、第1部（第1章）で見たように、PowerPoint や電子黒板といった教えるための道具（教師自身の ICT 活用能力）という意識が強く、児童生徒の学びのためのツールという意識が弱いという傾向がありました。

　児童生徒に培いたい資質・能力のうち、思考力や判断力という知識や技能の活用面では、佐藤[1] も指摘しているように、ICT を「教えるための道具」から、「学び取る道具」、さらには「探究と協働の道具」という児童生徒の視点に立った利活用が要になります。今後求められる「個別最適な学び」と「協働的な学び」という2つの学びは、児童生徒の ICT 活用能力を探究の

各場面でいかに高められるかという教師の双肩にかかっているといってもよいのです。

2 ■ ICT 活用能力が発揮される理科の探究活動

　理科の見方・考え方と理科における情報の捉え方・扱い方にはどのような関係があるのでしょうか。まず、理科の見方・考え方ですが、自然現象といっても多種多様です。その特徴を最も端的に表す「性格」に着目し、切り分けしたものがエネルギー〜地球の4つの領域です。いわば、自然を縦割りに捉えるといってもよいでしょう。さらに、これら4つの領域のそれぞれの事象の解明には、理科特有の処方（探究の方法）があります。この各領域を俯瞰した、いわば自然を横割りに捉えていく方法が理科の考え方です。

　ICT 活用能力の育成は、固定的に捉えがちな理科の考え方（自然へのアプローチの仕方）に新しい息吹を与えてくれます。右の図は第1部第1章で示したものに情報科との関係をより鮮明に表したものです。「理科の考え方を駆使して自然に働きかけ、その応答を<u>自然からの情報</u>

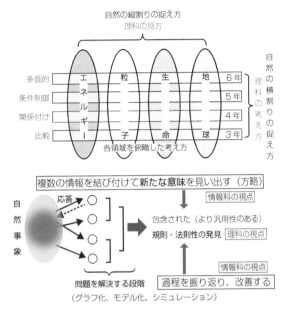

とし、モデル化やシミュレーションを通して、それら自然の声から有益な新しい意味を見いだす。この新しい意味を、複数の応答（自然の声）が内包・反映された規則性や法則として同定する」。自然事象からの情報をこのように捉えれば、ICT 活用能力の育成は、科学の探究活動にとって欠くことのできない能力だと考えられないでしょうか。このように ICT 活用能力の視点は、自然の声に耳を傾けるだけで満足しがちであったこれまでの実験の在り方を省み、その声を解釈し、読み解くことの大切さをあらためて私たちに気づかせてくれます。

3 ■ ICT 活用能力を活かした理科の授業への期待

　ICT 活用能力の育成は、道具としての活用であるがゆえに、私たちに理科の考え方をより具体的に提示してくれています。導入における活用、データ処理を含む実験の道具としての活用、共有し・考察を深めるための活用などです（第2部で様々な活用の仕方を提案しています）。

　これらの活用を通して、児童生徒は他者との交流の中で自身の考えを深めたり、より多様な考えに接したりすることが可能になります。教師による情報伝達を中心とした授業から、児童生徒が必要に駆られて自ら情報を集めたり、発信したり、表現したりする授業へと移っていく、この先にこそ個別最適な学びや協働的な学びが位置づいています。ICT が学習環境や教育現場にもたらす具体的な変化や、それゆえに児童生徒の学びの質に与える影響や期待については、続く第2章や第3章で扱うことにします。

参考文献

1）佐藤学（2021）『第四次産業革命と教育の未来』（岩波書店）

第2章　ICT が学習環境、教育現場にもたらす変化

1 ■ はじめに

　旅行や仕事で見知らぬ地域を訪れることになりました。皆さんなら、目的地までの行き方をどのように調べるでしょうか。昔は、分厚い時刻表の冊子を開いて調べることが多かったのですが、現在はスマートフォンを取り出しインターネットで検索すれば、容易に、しかも最適な行き方をすぐに調べることができます。インターネット環境や ICT 機器の発達は、人々の生活を大きく変化させました。そして、教育現場においても変化をもたらしています。

2 ■ GIGA スクール構想

　Society5.0[1] 時代の到来に向けて、2019 年 12 月に文部科学省が GIGA (Global and Innovation Gateway for All) スクール構想を発表しました。それにより、児童生徒向けの一人一台端末と、高速大容量の通信ネットワークを一体的に整備することになりました。また、これまでの教育実践の蓄積と ICT 活用のベストミックスによって、資質・能力を育成するための学習活動の一層の充実が求められています。

これまでの教育実践の蓄積 × ICT ＝ 学習活動の一層の充実　主体的・対話的で深い学びの視点からの授業改善

（文部科学省「GIGA スクール構想の実現へ」より引用）

3 ■ 子ども達の学習環境にもたらす変化

　では、具体的にどのような変化がもたらされているのでしょうか。ここでは、子ども達の学習環境を「学びを支える物的、空間的、人的な環境」と捉えて ICT 活用による変化を見ていきましょう。

(1) 物的・空間的な環境の変化

　いうまでもなく、一人一台端末の整備により、物的環境が大きく変化しました。例えば、これまでの授業では、教師が PC 等の端末を使って大型スクリーンに投影し説明することが一般的でした。これからの授業は一人一台端末により、子ども自身が端末を活用して学習できるようになります。デジタル教科書やデジタルコンテンツ、プログラミング教材も普及し、学びのリソースが充実してきました。本書でも紹介しているように、その他にも様々なアプリが利用でき、多様な学習活動が実現可能となっています。

　また、空間的な環境にも変化が生じます。これまでは子どもが PC を活用する場合、「パソコン室」という特別な教室で活動することが多かったのですが、これからは、一人一台端末とネットワーク環境の整備により、普通教室や理科室等でも活用可能となります。それにより、例えば、一人ひとりの考えをリアルタイムに共有し、多様な考えにすぐに触れることができる

---

[1] Society5.0 とは、第 5 期科学技術基本計画（平成 28〜32 年度）において提唱されたもので、サイバー空間（仮想空間）とフィジカル空間（現実空間）を高度に融合させたシステムにより、経済発展と社会的課題の解決を両立する、人間中心の社会（Society）のことである。

ようになります。一人一台端末を学習のための特別な道具としてではなく、ノートや鉛筆と並ぶマストアイテム（必需品）として捉えることが大切になるでしょう。一定の制約はあるものの、授業において「いつでも・どこでも」の活用が実現しつつあります。

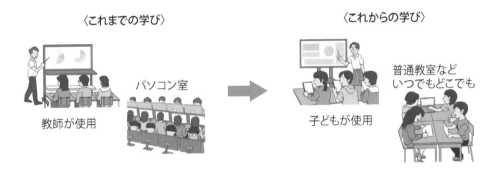

〈これまでの学び〉　〈これからの学び〉

パソコン室

教師が使用　子どもが使用

普通教室など
いつでもどこでも

（2）　人的環境の変化

　一人一台端末やネットワーク環境の整備は、学びにおける人的な環境にも影響を与えます。遠隔授業が可能となれば、学校外の専門家等と連携した授業がしやすくなります。理科ならば、例えば、気象単元において気象予報士の方とオンラインでつなぎ、ゲストティーチャーになってもらうこともできるでしょう。また、長期入院中の子どもと教室をつないだ学びも可能となります。これまで以上に社会に開かれた学び、個に応じた学びが実現しやすくなります。

4 ■ 教師にとっても大きな変化

　ICT の発達は、教師にとっても大きなメリットがあります。これまでは、子どものノートやプリントなどを集め、チェックやコメントを手作業で行うことが多かったと思います。それが、共有機能を使うと子どもの学習履歴をデータとしてすぐに集めることができます。そして、書き込み機能を使えば、コメントを入力し、返却することも可能となります。また、校内研修においても ICT を活用することができます。オンラインで専門家を講師として招いたり、模造紙、ペン、付箋の用意など、準備が大変だったワークショップ型の研修も Google Jamboard などを使って代用でき、しかも履歴として残したりすることができます。

　このように、ICT 活用により教師の様々な業務が効率的、効果的なものになることは、教育現場にとって大きなメリットの1つといえるでしょう。

参考文献

1）文部科学省（2020）「GIGA スクール構想の実現へ」
https://www.mext.go.jp/content/20200625-mxt_syoto01-000003278_1.pdf

第3章　学びの質への期待

　学びの質の向上を目指し、学習環境をいかによりよいものにするか。営々と続く私たち教員の課題です。そこには2つの流れがあります。1つは主体的で効率的な学習を可能にするための**学習環境**、2つ目は教師から児童生徒へ、あるいは児童生徒相互間で自身の考えをいかにうまく（円滑に）伝えられるようにするかという**学習環境**です。このような学習環境として期待されたものが、いつでも・どこでも使え、しかも双方向性を保ちつつ、カスタマイズが可能な**教育機器**でした。今に至る、これまでの経緯を見てみましょう。

1 ■ 学習の質を支える学習環境の変遷

　学習における、第一歩の風景は黒板と白墨（チョーク）の世界です。教師が黒板に入力した内容（多くは数値や文字情報）をただ書き写すという学習では、新たに登場した言葉の意味やそこに込められた内容を図書室等で書物を手掛かりに調べるという、いわば受動的な学習スタイルです。この世代を**第1世代**と呼ぶことにします。

　次の**第2世代**は模造紙等による資料の提示という方法です。黒板のスペースでは、文字入力による情報は次の授業前には消さざるを得ず、学習情報の保存のために模造紙という黒板とは別の保存様式へと進化したのですが、紙媒体の劣化とともに情報そのものまでもが廃棄されるという難点を有していました。

　第3世代の主役はOHP（Overhead Projector）でしょうか。透明のOHPシート上の文字やイラストが投影光を通して拡大提示されるだけでなく、黒板では不可能な様々な操作が可能になりました。その後、トラペンアップ（簡単なコピー機で、今でいえばプリントゴッコ）が登場し、児童生徒のノートは一瞬にしてOHPシートに変換されました。なお、静止画像はスライド映写機で、動画はビデオで授業に活用されました。しかしながらこれらの教育機器は高価であり、学校での保有台数も限られていたため、教師がそれらを常に使用するという自由度は制限されました。

　第4世代となるとPCとプロジェクターを組み合わせ、PowerPointの時代になってきます。デジタルカメラの画質向上やLEDライトにより、静止画も動画も効率化されました。

　そして**第5世代**を迎えます。今やGIGA**スクール構想**によって端末は児童生徒に1台ずつ与えられ、刻一刻と更新される情報はリアルタイムで取得、保存・削除、コピー、活用、発信等が可能になり、主体的かつ効率的な学習が担保された学習環境へと整備されました。

　これまで触れてきた第1世代から第4世代までの教育機器は、現在そのすべてが端末で代替可能となり、かつて教師たちが追い求めてきた学びの質向上への願いと方向性は現在の教育で実現されつつあります。このように、主体性や双方向性を保証する学習環境は、時代の変遷とともに、その都度、教育機器が満たすような形で進化を遂げてきたのです。

2 ■ 学習の質を支えるこれからの学習環境

　学びの質の向上にとって、様々な機能を担う端末はどのように寄与するのでしょうか。児童生徒、および教師それぞれの立場から評価してみましょう。

① **児童生徒にとって** 端末を通して、より主体的な学習が可能になることがまず挙げられます。様々な情報へのアクセスが容易になったことで、教師側から提供される情報だけでなく、児童生徒自らが得ていく情報が加わることによって、日々の授業がより探究的な学びの場へと加速されると思われます。

さらに、端末の活用によって授業で扱う情報量は増加し、反面、調べ学習に要する時間量は減少し、その結果として「思考する」、「表現する」、「議論を通して理解する」等の学びを深める学習に十分な時間をかけることが期待できます。

② **教師にとって** 授業準備の負担がICTの活用によって焦点化され、結果として軽減されることが期待できます。学びの質の向上は教師自身の創意工夫に依拠するものである以上、それを案出するための時間的保障がなくてはなりません。現に文部科学省はICTによる校務の効率化を提言しており（文部科学省、2020）、「業務効率化により創出された時間は、児童生徒とのコミュニケーションや教員にとってより重要な業務に使うことができ、教育の質の向上にも貢献」するとしています。例えばテストのデジタル採点の導入により、答案をパソコン上で採点・集計し、児童生徒の正答率や得点推移等の集計・分析や、アンケートや小テストの作成も端末環境等を利用して簡単に処理することが挙げられます。

3 ■ ICT活用が拓く新しい学び

災害や感染症等による学校の臨時休業や不登校・病気療養時の学びの保障、遠隔授業等の充実、デジタル教科書の導入など、端末の日常的な活用により、今後ますます主体的な学習参加が可能になるでしょう。学力調査や定期テストの作成においても自治体を通したオンライン学習システム（Computer Based Testing、CBTシステム）の問題バンクの活用等、全国的な展開も始まりました。

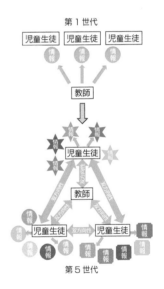

授業のICT活用が進んでいくにつれ、授業形態も必然的に変化していくと思われます。もはや机に向かって学習を進める必要はなくなり、児童生徒それぞれが好むスタイルで情報を集め、データをとり、自分の主張をまとめる、ひいては児童生徒は自分自身でテーマを設定して学習を進めるようになります。教師は第1世代のような教える側からサポート役へと立場を変えると同時に児童生徒の成績管理や学びの傾向など、細かな情報を把握し、それらをもとに適切なアドバイスを与えていくという教えと学びの相互依存関係が見えてきます（上図）。

Active（学びの活性化）、Adaptive（学びの最適化）、Assistive（学びの支援化）を実現するICTの利活用によって、教師の創意工夫次第ではさらに学びの質が進化（深化）していくことと確信します。

参考文献

1）文部科学省（2020）「教育のデジタル化・スマート化による教育の質の向上について」
https://www5.cao.go.jp/keizai-shimon/kaigi/special/reform/wg7/20201130/shiryou1.pdf

索　引

編著者（五十音順）

山下芳樹 （代表、エネルギー領域）　　立命館大学産業社会学部 特別任用教授
小川博士 （粒子領域）　　　　　　　　白鷗大学教育学部 准教授
平田豊誠 （地球領域）　　　　　　　　佛教大学教育学部 准教授
山下浩之 （生命領域）　　　　　　　　岡山理科大学教育学部 准教授

執筆者（五十音順、カッコ内は担当項目）

足立雄太郎　　浜松市教育委員会 （粒子5）
梅下博道　　　ノートルダム学院小学校 （粒子3）
大野敦雄　　　東大阪市立義務教育学校くすは縄手南校 （エネ1）
岡本　純　　　総社市立昭和小学校 （生命1、2）
神原優一　　　高梁市立高梁中学校 （生命3、4）
久保木淳士　　福山市立幸千中学校 （生命5）
小池　彰　　　浜松市立伊目小学校 （粒子2）
中島　陸　　　江戸川区立南葛西中学校 （エネ4）
新村和弥　　　浜松市教育委員会 （粒子4）
孕石泰孝　　　関西大学初等部 （地球1、2、3）
福島　賢　　　立命館宇治中学校・高等学校 （エネ3）
松村湖生　　　関西大学中等部 （地球4、5）

編著者紹介（五十音順）

山下芳樹（代表）　　立命館大学産業社会学部 特別任用教授

小川博士　　　　　　白鷗大学教育学部 准教授

平田豊誠　　　　　　佛教大学教育学部 准教授

山下浩之　　　　　　岡山理科大学教育学部 准教授

NDC375　159p　26cm

今日からできる理科授業 ICT 活用

2022 年 8 月 30 日　　第 1 刷発行

編著者	山下芳樹・小川博士・平田豊誠・山下浩之
発行者	髙橋明男
発行所	株式会社 講談社
	〒112-8001　東京都文京区音羽 2-12-21
	販売　　(03)5395-4415
	業務　　(03)5395-3615

KODANSHA

編集	株式会社 講談社サイエンティフィク
	代表　堀越俊一
	〒162-0825　東京都新宿区神楽坂 2-14　ノービィビル
	編集　　(03)3235-3701
本文データ制作	株式会社 東国文化
印刷・製本	株式会社 KPS プロダクツ

ISBN978-4-06-529163-4